AF589026

ÉLOGE FUNÈBRE

DU RÉVÉREND PÈRE

ADOLPHE-ARMAND PILLON

DE LA COMPAGNIE DE JÉSUS

PRONONCÉ

DANS L'ÉGLISE DE L'ÉCOLE LIBRE SAINT-FRANÇOIS-XAVIER

EN LA CÉRÉMONIE

DE LA BÉNÉDICTION DE SON MONUMENT COMMÉMORATIF

LE 8 JUIN 1887

Par le R. P. Paul FRISTOT

de la même Compagnie.

VANNES

IMPRIMERIE GALLES, RUE DE LA PRÉFECTURE.

1887.

ÉLOGE FUNÈBRE

DU RÉVÉREND PÈRE

ADOLPHE-ARMAND PILLON

DE LA COMPAGNIE DE JÉSUS

PRONONCÉ

DANS L'ÉGLISE DE L'ÉCOLE LIBRE SAINT-FRANÇOIS-XAVIER

EN LA CÉRÉMONIE

DE LA BÉNÉDICTION DE SON MONUMENT COMMÉMORATIF

LE 8 JUIN 1887

Par le R. P. Paul FRISTOT

de la même Compagnie.

VANNES

IMPRIMERIE GALLES, RUE DE LA PRÉFECTURE.

—

1887.

ÉLOGE FUNÈBRE

DU

RÉVÉREND PÈRE ADOLPHE-ARMAND PILLON

DE LA COMPAGNIE DE JÉSUS.

Laudemus viros gloriosos et parentes nostros in generatione sua,... quorum pietates non defuerunt.

Faisons l'éloge des hommes illustres, de nos pères dont nous sommes issus et dont les vertus ne sont pas en oubli. (Eccli. XLIV, 1, 10.)

Mes Frères,

C'est une des plus nobles et des plus touchantes traditions de l'école Saint-François-Xavier de célébrer, chaque année, par des éloges et par des prières, le souvenir des Anciens qu'il a plu à Dieu d'appeler à la récompense méritée par leurs œuvres et par leurs vertus. Aujourd'hui vos dyptiques s'enrichissent de noms que vous avez le droit d'y inscrire avec fierté, puisqu'ils rappellent toutes les sortes de dévouement.

Le clergé breton gardera le souvenir de ces deux élèves de Saint-François-Xavier, l'abbé Aristide Le Digabel dont le fructueux apostolat s'est consumé au chevet des malades dans l'hospice de Maycar, et l'abbé Pierre Hervis, vicaire de Landévant, tendre fleur cueillie au seuil du sanctuaire où, dès sa première apparition, elle faisait respirer le parfum de la piété la plus suave. De la terre du Tonkin, insatiable du sang français, du vôtre spécialement, un télégramme nous apporte l'annonce laconique de la mort de Gaston de Thuisy, jeune officier de grande espérance, tué à l'ennemi. Ils livraient aussi le bon combat en exerçant autour d'eux l'action chrétienne qui est aujourd'hui le ferme rempart de la religion de la patrie, et Gustave de Rouffigny, demeuré si fidèle par le cœur à son cher collège, et François de Roquefeuil, qui avait donné un concours si zélé et si fécond à l'organisation et au développement des comités régionaux de l'Association amicale. Tous deux sont allés prématurément demander au ciel la couronne. Enfin un nom inscrit deux fois déjà, en caractères sanglants, dans vos annales, revient aujourd'hui sur mes lèvres. Si les deux frères, Maurice et Cyprien de l'Estoile, n'ont pas trouvé la mort sur les champs de bataille comme leurs puînés Julien et Xavier, nous savons néanmoins que, ravis avant l'âge, à quelques semaines l'un de l'autre, tous deux ont succombé aux suites de ces dures campagnes où les sept frères tinrent vaillamment l'épée pour la France.

Ne vous semble-t-il pas que la Providence ait préparé à dessein ce faisceau des plus nobles dévouements, dévouement du sacerdoce, dévouement de la mort sur le champ de bataille, dévouement des vertus militaires, dévouement des vertus domestiques, fournis par toutes les époques de l'existence de Saint-François-Xavier, pour composer une escorte d'honneur à la mémoire de son vénéré fondateur, dont le souvenir, en ce jour, appelle à lui nos hommages, comme le monument élevé par votre piété à sa mémoire, attire à lui nos regards ?

Vous m'avez convié à l'honneur de vous retracer les principaux traits de la vie et de la mort du Révérend Père Adolphe-Armand Pillon, de la Compagnie de Jésus, premier Recteur et fondateur de l'école libre Saint-François-Xavier, Provincial de la Province de Champagne, pieusement décédé à Lille le 26 novembre 1885. Autant cette tâche peut paraître douce à mon cœur de fils, autant elle devrait effrayer la faiblesse de ma parole. Mais je m'encourage en pensant que, quelle que fut l'éloquence du panégyriste, ses éloges seraient toujours demeurés au-dessous de l'image que vous vous êtes formée, dans votre esprit et dans votre cœur, de ce religieux si grand et si bon tout à la fois, dont nous allons parcourir rapidement la vie dans les trois situations de jeune religieux brûlant de ferveur, d'éducateur de la jeunesse doué d'une habileté consommée, de supérieur religieux réalisant dans sa conduite l'idéal de gouvernement tracé par saint Ignace dans ses Constitutions.

I

Il y avait grande joie dans la maison d'un modeste cultivateur du petit village d'Estrées, en Picardie, le 24 avril 1804. Une sixième bénédiction venait d'être envoyée par le Ciel à l'union de Joseph Pillon et d'Agnès Pedot. L'enfant, né frêle et délicat, fut porté le même jour aux fonts du baptême par son frère François et sa sœur Joséphine et reçut d'eux les noms d'Adolphe-Armand. Je vous surprendrai en vous disant que celui qui devait unir à un si haut degré, dans l'éducation des enfants qui lui furent confiés, à l'autorité du religieux, à la fermeté d'un père, les tendresses exquises d'un cœur de mère, connut à peine les caresses de la sienne. Adolphe venait d'atteindre sa troisième année lorsqu'il fut amené avec ses aînés auprès du lit de leur mère, pour recevoir sa dernière bénédiction. Celle-ci allait s'éteindre, victime de son héroïque dévouement à remplir tous les devoirs de la maternité. Mais auparavant elle avait mandé son frère, l'abbé Pedot, curé d'une petite paroisse dans le voisinage, et, prévoyant que son mari aurait assez à faire de s'occuper des aînés, elle avait fait promettre au pieux ecclésiastique qu'il prendrait soin de l'éducation des deux plus jeunes, Casimir et Adolphe, et la remplacerait auprès d'eux. Sur cette assurance, elle rendit avec confiance son âme à Dieu.

Vous voulez connaître celui à qui cette femme véritablement forte et prévoyante, s'en remettait si complètement de l'avenir de ses deux plus jeunes fils et qui sera l'instrument visiblement choisi par la Providence pour l'exécution des volontés divines sur eux. L'abbé Pedot avait débuté dans la carrière ecclésiastique en qualité de vicaire de

Notre-Dame de Brebières, un des sanctuaires les plus chers à la piété picarde, dans la ville d'Albert. Esprit distingué, fin littérateur, il avait cumulé avec ces fonctions celles de précepteur. La Révolution le surprit au milieu de cette double occupation. Bientôt la Constitution civile du clergé fut votée, le serment exigé des prêtres. Au milieu des doutes de plusieurs de ses confrères, l'abbé Pedot n'hésita pas un moment. Pour lui le schisme était au fond de la Constitution, et les restrictions dont quelques-uns entouraient la prestation du serment, n'en corrigeaient point le vice à ses yeux. Averti qu'il avait été dénoncé au district pour sa résistance et pour ses principes, il s'échappa à temps et prit le chemin de l'exil. Il gagna à pied la Westphalie, où il prit la direction d'une petite paroisse qui était sans pasteur. L'étranger se fit aimer, et des larmes coulèrent lorsqu'on apprit qu'il allait quitter cette terre hospitalière pour retourner en France. Le culte catholique n'était pas encore officiellement rétabli, les lois persécutrices n'avaient pas encore été abrogées, mais l'avènement du premier Consul avait amené un relâchement dans leur application. C'en fut assez pour le décider à regagner son poste. Son zèle s'employa à réveiller autour de l'image de Notre-Dame de Brebières la piété refroidie par l'interruption des hommages publics. Il chérissait ses modestes fonctions de vicaire. Il fallut un ordre de son évêque pour lui faire accepter la cure de Bray, voisine d'Estrées. C'était peu de temps avant la mort de Madame Pillon ; la Providence préparait à l'avance, aux jeunes orphelins, un abri tranquille dans le presbytère embaumé d'étude et de piété, où ils allaient grandir entre leur oncle et une parente âgée à qui le pieux ecclésiastique avait remis le gouvernement de sa maison. Lui, partageait son temps entre la prière, les œuvres du zèle, quelques travaux agronomiques, pour lesquels il avait toujours eu beaucoup de goût, et les leçons à ses neveux.

Quelle fut l'éducation au presbytère de Bray? Sérieuse et même sévère, telle qu'elle était alors généralement chez les familles de la bourgeoisie. Si le Père Pillon se rappela toujours avec attendrissement la bonté et la sollicitude affectueuse du frère de sa mère, il n'avait pas oublié avec quelle exactitude l'oncle voulait être obéi, il se souvenait en particulier de la rude correction qui, un jour, avait eu raison d'une hésitation excusable chez un enfant de sept ans. Il s'agissait d'une potion amère pour laquelle Adolphe avait manifesté sa répugnance. Le châtiment produisit son effet. Tout en larmes il avala d'un trait la médecine et, depuis, il ne fut plus jamais tenté de marchander son obéissance.

Cependant l'abbé Pedot avait compris la valeur du double trésor qui lui était confié, et, lorsqu'en 1814 la Compagnie de Jésus rappelée à la vie par le Pape Pie VII rendu lui-même à la liberté, ouvrit à l'instruction de la jeunesse le petit séminaire de Saint-Acheul, destiné à une si grande célébrité, il jugea que là était la place de ses deux pupilles. Les condisciples, presque tous disparus aujourd'hui, du Révérend Père Pillon, aimaient à se rappeler la première apparition au milieu d'eux des deux jeunes frères, au visage candide, aux manières un peu embarrassées dans leur costume de petits paysans. Ils furent admis en septième. « Dès la première année que je fus dans cette maison, écrit le Père Adolphe Pillon dans une courte note autographique qu'il rédigea en entrant au noviciat, on me fit trouver la vertu si aimable que je la pratiquai de tout mon cœur. J'y fis ma première communion, continue-t-il, et j'y reçus la confirmation avec la plus grande ferveur et dans les meilleures dispositions. J'étais de la petite Association des Saints-Anges, qui commençait à se former, et exact à venir souvent à la méditation qui se faisait en commun. J'aimais beaucoup tous mes maîtres, ajoute-t-il, j'étais souvent avec eux et je leur parlais avec la plus grande franchise ; en un mot, j'aimais Saint-Acheul autant que la maison de mon père, parce que je m'y trouvais fort heureux. » Dans ces sentiments du jeune élève de Saint-Acheul, beaucoup d'entre vous retrouvent ceux qu'ils ont éprouvés eux-mêmes et ils pourraient s'en approprier l'expression.

Ce bonheur tranquille dura deux années. Il fut interrompu par une circonstance inattendue. La Restauration conservait l'Université de France, créée par Napoléon Ier, mais elle se flattait d'en modifier l'esprit en confiant la direction des collèges à des hommes sur les sentiments religieux et politiques desquels elle pouvait compter. L'abbé Pedot, présenté par son évêque, fut mis à la tête du Collège royal d'Amiens. Les familles de Picardie applaudirent au choix du nouveau Proviseur. Ce fut autour de l'élu qu'il y eut des larmes répandues. L'abbé Pedot, en prenant la direction de l'établissement officiel, ne pouvait laisser ses neveux dans la maison qui avait les préférences de son cœur, mais devait être considérée comme la rivale de celle qu'il avait mission de faire prospérer. La nouvelle avait été pour le jeune Adolphe, ainsi qu'il s'exprime lui-même, un coup de foudre : « Quitter Saint-Acheul où l'on aimait si bien le bon Dieu ! » Il écrivit à son oncle des lettres suppliantes, faisant appel à son zèle de prêtre. Tout fut inutile : « Il sentait tout cela aussi bien que moi » écrit Adolphe dans son autobiographie ; mais porté à la direction du collège par les ordres de ses supérieurs, il cédait aux circonstances. Il entrait dans les desseins de la Providence de faire connaître par expérience au futur maître de l'éducation, les lacunes et les graves dangers de l'instruction publique, afin d'émouvoir son cœur d'un zèle plus tendre et plus intrépide à la fois pour sauvegarder les âmes des jeunes enfants chrétiens contre les périls qu'il avait traversés sans y succomber, mais non sans en ressentir de fâcheuses atteintes.

« J'entrai dans ce collège, écrit-il tristement, où je me trouvai comme une brebis au milieu des loups. » Durant une année, son âme, encore imprégnée des leçons et des impressions de Saint-Acheul, tint ferme contre les mauvais exemples. Mais, passé ce terme, son courage se lassa, le respect humain le glaça. La foi ne sortit point de son cœur, la corruption n'entra point dans ses mœurs, mais sa piété se refroidit. Il raconte lui-même comment, une à une, ses pratiques de dévotion furent abandonnées, jusqu'à son cher scapulaire dont il se sépara, de peur d'attirer sur lui les moqueries de ses condisciples.

Cependant les succès couronnaient les travaux des jeunes neveux et réjouissaient le cœur du bon oncle. Un jour on le vit sur l'estrade d'honneur, au moment où Adolphe s'avançait pour être couronné, détacher sa montre d'or, bijou de famille et la passer au cou du jeune lauréat aux applaudissements de tout le collège. Les vacances étaient joyeuses; elles se passaient à Estrées, dans la maison paternelle, en compagnie des aînés. La considération dont jouissait la famille Pillon ouvrait aux jeunes gens les meilleures sociétés. On se souvint longtemps des réjouissances à l'occasion de la naissance du duc de Bordeaux, qui avaient mis en fête successivement tous les châteaux de la contrée. Adolphe, dans toute la fraîcheur de la jeunesse, était rempli d'entrain ; il brillait et était remarqué entre tous. Plus tard, il se reprochera amèrement la frivolité de ses goûts et de ses allures qui, avec sa grâce naturelle, l'avaient fait surnommer « le beau danseur. » Ses sœurs, fières de lui, le désignaient par un titre qui répondait à des qualités plus sérieuses. Elles l'appelaient « le Prince de la famille. » Prince de la famille, il le sera par l'illustration qu'il répandra sur son nom. Il sera plus que le Prince de la famille restreinte à laquelle il devait le jour; cette innombrable famille que lui aura formée la confiance de parents lui remettant ce qu'ils ont de plus cher, aimera à saluer en lui une dignité d'attitude qu'elle qualifiera de royale, et, lui, sourira à cette innocente flatterie, parce qu'il sait qu'elle naît tout entière de l'affection et de la reconnaissance.

Cependant la préoccupation du choix d'une carrière était dans l'esprit du père et des fils. Casimir, par son aptitude pour les occupations positives accompagnée toutefois d'un goût artistique très fin, semblait devoir se joindre à ses aînés et à son beau-frère associés dans le commerce. Les dons particuliers d'Adolphe faisaient songer pour lui à la carrière administrative dans laquelle les relations honorables de la famille lui promettaient un avancement sûr. Il était déjà question de ses débuts dans les bureaux de la Préfecture d'Amiens. Parents et enfants étaient incertains. Ce fut alors que la Providence, qui semble avoir dirigé la carrière de l'abbé Pedot constamment en vue des destinées de ses neveux, amena un événement inattendu d'où devait sortir l'accomplissement de ses desseins sur eux.

Monseigneur l'Évêque d'Amiens songea à introduire l'abbé Pedot dans ses conseils; il lui offrit une stalle de chanoine dans sa cathédrale. Le premier usage que fit l'abbé Pedot de sa liberté vis-à-vis de l'Université fut de retirer ses neveux du collège dont il abandonnait la direction. De concert avec leur père, il leur proposa de retourner à Saint-Acheul pour y suivre le cours de philosophie et réfléchir mûrement à leur avenir. Les jeunes gens acceptèrent avec joie, Adolphe surtout, chez qui son oncle avait surpris et qui avait senti en lui-même quelques velléités d'entrer dans la carrière ecclésiastique. Il fut même admis par le Père Druilhet à titre d'auxiliaire, c'est-à-dire que, revêtu de la soutane, il donna son concours aux Pères dans la surveillance des élèves pendant les récréations et les promenades, en même temps qu'il suivait les cours de philosophie. Il s'attacha de suite les jeunes enfants dont il était chargé, et l'un de ses frères, venu le visiter, ne pouvait contenir son admiration à la vue de ce petit peuple s'agitant autour du surveillant bien-aimé, et, dans l'entrain des jeux, s'embarrassant dans ses grandes jambes.

Adolphe, en entrant à Saint-Acheul (lui-même l'a souvent affirmé depuis) était heureux de retrouver ses anciens maîtres; mais il n'avait jamais pensé à partager leur vie. Le sacerdoce séculier lui était apparu si resplendissant de piété et de dévouement dans la personne de son oncle qu'en songeant vaguement à la vocation sacerdotale, jamais sa pensée n'était allée au delà de la vie ecclésiastique dans le monde. Il a, de plus, affirmé à mainte reprise, qu'aucun effort ne fut tenté à Saint-Acheul pour l'attirer à la vie religieuse. Son frère Casimir, plus éloigné encore que lui d'une telle détermination, puisqu'il ne songeait même pas à l'état ecclésiastique, a réitéré la même protestation. De quel moyen la Providence se servit-elle pour éclairer Adolphe, en même temps que son frère, sur sa véritable vocation? Son succès auprès des enfants fut-il la lumière qui lui révéla ses vraies aptitudes? Le désir d'une perfection plus grande fut-il l'unique stimulant de sa décision? Dans ses écrits il exprime seulement, d'une manière générale, l'effusion de sa reconnaissance envers la grâce divine.

Quoiqu'il en soit, au terme de l'année scolaire, le 17 août 1823, cinq jours avant la distribution des prix, les deux frères quittaient Saint-Acheul, sans avoir averti leur famille, et allaient frapper à la porte du noviciat de Montrouge. L'oncle chanoine avait-il été confident ou même complice de cette fuite précipitée? La famille mécontente l'accusa hautement, et il faut convenir que les plaidoyers des deux jeunes novices le disculpent faiblement. Ce qui est certain, c'est qu'il manifesta en toute circonstance la joie qu'il ressentait de la détermination prise par ses neveux, et que, jusqu'à sa mort, la Compagnie de Jésus compta en lui un ami des plus dévoués.

Cette façon d'agir, si opposée en apparence à la tendresse filiale et fraternelle, avait eu cependant pour cause cette tendresse même. Quelques jours auparavant, recevant la visite de leur sœur Joséphine qui venait, tout heureuse, leur présenter le fruit de sa première bénédiction, ils s'étaient sentis contraints d'abréger l'entretien avec la jeune mère, de peur de se trahir, tant était vive leur émotion en présence de celle dont il leur faudrait bientôt se séparer. Ils redoutaient, s'ils annonçaient à l'avance leur dessein, de ne pouvoir tenir contre l'assaut réuni des remontrances, des supplications et des larmes de leurs sœurs, de leurs frères et de leur père, conspirant avec les hésitations de leur propre cœur. Ils ne se sentaient pas le courage d'affronter la désolation d'êtres si chers ! Le Frère Adolphe écrira quelques jours plus tard de Montrouge à cette même sœur Joséphine, qu'il leur avait fallu à tous deux une « grâce bien particulière, pour leur donner le courage de concevoir et d'exécuter une pareille résolution. »

En effet, la surprise avait été profonde et l'émotion très vive chez tous les membres de la famille, lorsque venus à Saint-Acheul, pour assister aux solennités religieuses et littéraires qui clôturaient l'année scolaire et ramener à Estrées les deux pensionnaires, ils avaient appris le départ des fugitifs. C'étaient les affections blessées, l'amour propre froissé, les ambitions déçues, l'autorité paternelle qui se croyait lésée. La lutte dura une année presque entière jusqu'à ce que les jeunes novices, aidés de leur oncle et de leur sœur, eussent persuadé les autres membres de la famille, leur père surtout, de la liberté et de la maturité de leur détermination, en même temps que de la tendre affection dont leurs cœurs restaient animés.

Ces reproches et ces défiances furent, pour le cœur d'Adolphe surtout, l'épreuve la plus sensible à ses débuts dans la vie religieuse. Une autre plus cruelle encore allait bientôt l'atteindre et ouvrir une blessure que le temps ne ferma jamais complètement. Entrant dans la vie religieuse, il y avait été accompagné par les plus tendres affections de son cœur, puisque celui de ses frères dont il ne s'était jamais séparé, y entrait avec lui. L'union de leurs âmes ne faisait que se resserrer. Ils goûtaient ensemble, à la lettre, la bénédiction proclamée par les saintes Écritures, *Ecce quam bonum et quam jucundum habitare fratres in unum* (Ps. XXXII, 1.) « Combien il est doux pour des frères d'habiter ensemble la maison du Seigneur ! » Ils s'encourageaient dans la lutte, rivalisant de générosité, et on leur appliquait ce bel éloge donné par l'Église aux couples de frères victorieux dans les saints combats : *Hæc est vera fraternitas quæ vicit mundi crimina. (Missa SS. Cosmæ et Damiani, 27 sept.)* « C'est là la fraternité véritable qui triomphe de la perversité du monde. »

Or, tandis que le Frère Adolphe, dans ses lettres à sa famille, plaisantait l'embonpoint dont le Frère Casimir se revêtait parmi les travaux du noviciat, sous cette apparence trompeuse germait une maladie de poitrine dont le soudain développement causa l'alarme chez les supérieurs. Les médecins consultés réclamèrent un climat plus doux ; Casimir fut envoyé au noviciat d'Avignon. C'était pour la première fois de leur vie que les deux frères étaient séparés ; les adieux qu'ils se firent devaient être les derniers. Le mal impitoyable étendit ses ravages avec une rapidité qui déconcerta toutes les habiletés et tous les dévouements. En vain le malade fut transporté d'Avignon à Aix, afin de jouir d'une température plus clémente encore ; il fallut se mettre en face de la fatale issue. Adolphe, averti par ses supérieurs, écrivit à son frère une lettre qui était un dernier adieu sur la terre. Il le félicitait « de toucher à la récompense des Stanislas dont il avait imité les vertus. » Cette lettre fut lue au jeune malade qui en commenta lui-même les termes à ceux qui l'entouraient. Quelques jours plus tard, Casimir rendait son âme à Dieu, après avoir prononcé ses vœux par anticipation, entre les bras du Révérend Père Delvaux, destiné à unir si étroitement son action à celle du Père Pillon. Bien que prévue, la catastrophe déchira si cruellement le cœur d'Adolphe qu'il faillit s'évanouir en l'apprenant.

L'impression de cette séparation ne s'effacera jamais de son cœur, et, toutes les fois qu'un deuil nouveau dans la famille viendra l'affliger, il écrira, comme à la mort de sa sœur Joséphine, arrivée dix ans après : « Pour moi, j'aime à me représenter notre cher Casimir devenu dans le ciel l'introducteur de toute la famille. Rappelez-vous que c'était ainsi qu'il s'était exprimé lui-même à Paris, en présence de notre chère défunte. Voyez comme le bon Dieu a exaucé ses vœux ! » Une autre fois, faisant allusion à une notice sur un de ses amis qui devait lui être envoyée : « Ce sera une véritable consolation pour mon pauvre cœur qui a de la peine à s'accoutumer à tant de privations. Je mettrai cet écrit à côté de celui où sont tracés les derniers moments de mon frère. Quand je voudrai m'exciter à la ferveur, je les lirai et je les arroserai de mes larmes et je ne soupirerai plus qu'après le moment heureux où je pourrai moi-même aller me réunir à tout ce que j'avais de plus cher. »

Vous semble-t-il que dans l'âme d'Adolphe le feu de l'épreuve ait suffisamment purifié et ennobli les sentiments les plus élevés et les plus délicats de la nature ? Son cœur a-t-il été suffisamment fortifié par le sacrifice et préparé à tous les dévouements ? En même temps que le détachement de lui-même l'a rendu prêt à mieux saisir et rendre toutes les délicatesses, l'énergie de sa volonté s'est trempée par l'obéissance, sa piété tendre naturellement s'est éclairée et pour ainsi dire disciplinée par l'éducation ascétique, sous la direction d'un des maîtres les plus experts, le R. P. Jean-Baptiste Gury, de vénérée mémoire. L'amour propre qui avait été l'écueil de sa ferveur dans le monde et la matière de ses luttes au noviciat, s'est évanoui pour laisser place uniquement à la distinction et à cette composition extérieure propre à relever le prestige de l'autorité. Casimir avait formé dans son cœur le vœu, si Dieu lui rendait la santé, de se consacrer aux missions du Japon, au cas où cette terre, arrosée des sueurs de Xavier et du sang de plus de deux cents de ses frères, se rouvrirait à leurs descendants en religion. Il semble qu'Adolphe ait senti de bonne heure que le champ de son zèle serait les maisons d'éducation de la Compagnie. Au milieu de ses hésitations sur sa vocation, la première expérience qu'il avait faite des fatigues de la surveillance, avait été le mobile généreux qui avait entraîné son choix, « dût-il, comme il l'écrivait alors, être surveillant toute sa vie. »

Il était donc bien prêt pour la tâche qui l'attendait au sortir de la tranquille retraite de Montmartre lorsqu'il prononça ses premiers vœux en la fête de la Nativité de la Sainte Vierge, le 8 septembre de l'an 1825.

II

A cette époque, huit collèges florissants, sous le titre de petits séminaires, patronnés par les évêques, appelaient à eux presque toutes les forces vives de la Compagnie de Jésus en France. Ce n'est pas que celle-ci se refusât aux autres ministères. Les chaires des grandes cathédrales retentissaient de la voix éloquente des Mac Carthy, des Guyon, des Varlet, des Maxime de Bussi, en attendant les Ravignan ; leur apparition dans une ville devenait l'occasion de manifestations chrétiennes, où la religion prenait une véritable revanche sur le voltairianisme alors en possession d'un empire incontesté sur l'opinion des classes dites éclairées. Dans les campagnes, la foi était ranimée par les expéditions apostoliques des Sellier, des Augry, des Le Leu et de leurs nombreux auxiliaires, pendant que quelques missionnaires traversant les Océans allaient relever sur la terre glacée du Canada, dans les gorges du Liban, et un peu plus tard sous le ciel brûlant de l'Inde et le climat meurtrier de Madagascar, dans les provinces inhospitalières de la Chine, les débris des anciennes missions où dormait la cendre à peine refroidie des derniers survivants de l'ancienne Compagnie. Mais sur le sol même de la France l'attention était plus puissamment attirée vers les maisons d'éducation, et, il faut bien le dire, la Providence n'avait pas été avare d'esprits supérieurs, d'hommes d'élite envers cette première génération de la Compagnie renaissante. Elle compta parmi les maîtres, qu'elle mit au service de la jeunesse, les Loriquet, les Louis de Bussi, les Druilhet, les Guidée, les Deplace, et tant d'autres de leurs dignes émules moins connus. C'est sous ces chefs expérimentés

2

qu'Adolphe allait apprendre les secrets du gouvernement des âmes proclamé par le grand pape saint Grégoire, éminent entre tous les arts, *Ars artium regimen animarum.* Il ne sera inférieur à aucun d'eux, peut-être jugerez-vous qu'il en surpassa plusieurs. Du moins son action dépassera la leur en étendue et en durée ; à aucun d'eux des générations aussi nombreuses d'enfants ne devront le bienfait de l'éducation chrétienne.

Et cependant, au cours de cette longue carrière qui embrasse plus d'un demi-siècle, c'est en vain que vous demanderiez à la plume du Père Pillon un exposé des principes de ce grand art dans lequel il excelle, et qu'il pratique avec autant d'amour que de succès. Jamais nous ne l'entendîmes tenter un énoncé didactique des lois de l'éducation. A qui lui eut demandé d'expliquer sa théorie, il eut répondu, j'en suis sûr, que l'observation exacte des règles tracées par saint Ignace, les inspirations d'un cœur généreux et délicat, et le dévouement de collaborateurs animés par la plus fraternelle charité, formaient tout son art et renfermaient tous ses secrets.

Voyons-le donc à l'œuvre.

Le collège de l'Arc à Dôle-du-Jura, reçut les prémices de son zèle, au sortir du noviciat. Il y fut appliqué à ce ministère de la surveillance qui avait éveillé son dévouement dès avant son admission dans la Compagnie. En même temps, il complétait ses études en son particulier. Après deux années, il fut chargé d'enseigner la classe de cinquième, sans quitter toutefois ses fonctions de surveillant auprès des grands élèves, au nombre desquels se trouvait le jeune Caverot devenu depuis l'Éminent cardinal de Lyon, et qui ne cessa, même sous la pourpre, de prodiguer au Père Pillon, les marques de son tendre respect, comme Monseigneur Duquesnay, devenu archevêque de Cambrai, aimait à rappeler qu'à Saint-Acheul, il l'avait eu à la fois pour condisciple et pour maître.

Dans sa correspondance avec sa famille empreinte à la fois d'enjouement et de sérieux, il raconte à sa sœur comment « les picards sont devenus en vogue en Franche-Comté ; tellement, assure-t-il, — sans doute c'est une légère illusion du patriotisme picard, au sujet du patriotisme comtois — que je crois que les franc-comtois regrettent de n'être pas nés sous l'astre heureux de la Picardie. » Sans pousser l'enthousiasme pour leur jeune maître jusqu'à souhaiter d'échanger les montagnes du Jura pour les plaines de Picardie, les jeunes comtois savaient apprécier le trésor que cette province leur avait envoyé.

Un jour, ils lui en donnèrent un témoignage aussi joyeux dans la forme, qu'il attestait dans le fond, de confiance affectueuse avide de se manifester. La clochette qui servait au Père Adolphe de voix pour donner les signaux de former les rangs, de rompre ou d'observer le silence, ne rendait plus qu'un son sourd et criard, elle s'était fêlée, et le Père Ministre ne se hâtait point de la remplacer. Or, la veille de la nouvelle année 1828, au moment où le Père faisait former les rangs pour rentrer à l'étude, un mouvement insolite se produit, le corps des musiciens débouche du grand cloître, les applaudissements éclatent, tous les élèves se rangent en cercle et l'on voit s'avancer majestueusement porté sur les épaules de quatre des plus grands, un brancard drapé magnifiquement qui supporte une élégante clochette revêtue de sa robe de baptême. Discours en vers et en prose, couplets enlevés avec entrain, disent à l'envi les qualités et les glorieuses destinées d'Armandine (c'est le nom, que par une délicate attention, on avait donné à la nouvelle baptisée). Dragées, bouquets, rien ne manque à la munificence de la fête. Elle se termine par le défilé de la division entière venant jurer fidélité et obéissance à la jeune reine. Si je n'avais dit le lieu et la date de ce charmant épisode, vous l'eussiez placé dans une des cours de Vannes.

Hélas! le règne d'Armandine devait être de courte durée. Dès le mois de mai 1828, le jeune régent écrivant à sa sœur lui racontait avec admiration comment une mère éminemment chrétienne, appartenant à une des familles les plus distinguées, sur le bruit des menaces d'expulsion que le parti libéral faisait courir contre les Jésuites, venait d'amener à Dôle ses deux jeunes enfants « afin, disait-elle, qu'ils fussent à leur poste de combat et suivissent leurs maîtres dans l'exil où les pousserait la persécution, et qu'ils apprissent en aimant et craignant Dieu, à compter tout le reste pour rien. » L'orage grondait à l'horizon.

On sait comment des ministres timides ou imprévoyants persuadèrent à Charles X que le plus solide appui de son trône était la popularité, et que, pour s'assurer celle-ci, la fermeture des collèges des Jésuites était la condition préalable. Les fatales ordonnances signifiées à l'issue même de la distribution des prix et qui furent accueillies par les sanglots de la plupart des élèves et d'un grand nombre d'assistants, privèrent soudain plusieurs milliers d'enfants du bienfait de l'éducation chrétienne et elles ne sauvèrent pas la couronne du monarque.

Des collèges furent établis en hâte sur quelques points des frontières, dans les pays qui avaient conservé le bienfait de la paix et de la liberté religieuses, en Suisse, en Piémont, en Espagne. Après plusieurs étapes le poste du Père Adolphe lui fut assigné au Passage en face des Pyrénées. Ce collège devait à la fois accueillir quelques jeunes espagnols et faire jouir les élèves français de l'avantage d'apprendre une langue étrangère. Chaque jour, l'enseignement devait être donné en espagnol pendant un temps fixé. Le Père Pillon s'était mis à étudier avec ardeur cette langue dès avant son arrivée en Espagne. Il parvint à en posséder si parfaitement la grammaire et la prononciation qu'on eût souvent recours à lui pour la prédication. Toutefois, son zèle recherchait de préférence les malheureux ; il devint l'orateur préféré des habitants des prisons, et, plusieurs fois, soit au Passage, soit à Madrid, il remplit le douloureux ministère d'accompagner les condamnés au dernier supplice.

Il en avait coûté au Père Adolphe de s'expatrier : « Quels sentiments vont s'élever dans mon cœur quand je passerai la limite qui sépare la France de l'Espagne ? avait-il écrit de la dernière étape, à sa sœur. Je dirai adieu à cette terre chérie, mais j'y laisserai mon cœur pour aimer comme ils le méritent des parents qui me sont aussi chers que moi-même. » Cependant le choix de l'Espagne parlait vivement à son âme et faisait tressaillir son cœur de fils d'Ignace. Écrivant à cet oncle vénérable dont le Père Druilhet, provincial, avait dit un jour au Père Pillon : « Votre oncle, qui est au moins aussi bon religieux que vous et peut-être meilleur, » le jeune religieux lui disait : « Il y a longtemps que je me suis figuré que la patrie d'un Jésuite était l'univers entier ; je laisse en France tout ce que j'ai de plus cher, mais mon cœur ne quitte pas la France. Vous comprenez bien ce langage, vous, mon bon oncle, mais les autres ne le comprendront peut-être pas, vous tâcherez de le leur faire entendre. La croix est notre partage, mais bien des consolations viennent en alléger le poids. C'est dans le berceau même de notre saint Fondateur que j'irai puiser cet esprit d'abnégation, d'humilité, de prière qui l'ont élevé à un si haut degré de gloire. L'habit qu'il portait me rappellera cette modestie, cette composition extérieure qui a toujours caractérisé le vrai jésuite. Loïola, visité par la plupart de nos Pères avec la plus grande consolation, parlera à mon cœur, je l'espère, et tant de grâces ne seront pas sans fruit. »

A quelle époque s'accomplit ce pèlerinage si ardemment souhaité, à Loïola ? Probablement lorsqu'il se rendait de Saint-Sébastien à Madrid pour y suivre les cours de théologie et se préparer à la prêtrise. Les pages où le Père Pillon avait consigné l'expression des sentiments qu'il éprouva dans ce pèlerinage deux fois cher au cœur d'un enfant de la Compagnie, ne nous sont point parvenues. Mais ceux-là peuvent les deviner qui, après cinquante ans d'intervalle, lui faisant part des impressions qu'ils avaient ressenties en ces lieux privilégiés, l'entendaient réveiller avec une sorte d'enthousiasme le souvenir de ce qu'il avait ressenti lui-même. Il se plaisait à retracer l'image exacte de tous les lieux sanctifiés par la présence de notre bienheureux Père, le cellier où sa mère voulut le mettre au monde en souvenir de la naissance de Notre-Seigneur dans une étable, la chambre haute dans laquelle il fut rapporté sanglant et mutilé de Pampelune, le lit sur lequel il reposa, la muraille portant l'image des apparitions de la Très Sainte Vierge et de saint Pierre qui l'appelaient au service de l'Église, la chapelle intérieure du château où saint François de Borgia, de vice-roi de Catalogne devenu humble religieux, vint célébrer sa première messe, puis, dans l'église paroissiale d'Aspeizia les fonts où Ignace fut régénéré, l'hôpital où il voulut recevoir l'hospitalité à son retour dans sa patrie, la chapelle rustique du seuil de laquelle sa parole se fit entendre jusqu'à l'extrémité de la vallée à une jeune servante que l'on avait empêchée de venir se mêler à la foule dont il était entouré. A tous ces souvenirs se mêlait l'accueil si cordial des Jésuites compatriotes de saint Ignace, héritiers de son manoir transformé en un vaste collège. Nul doute qu'il n'ait sollicité et reçu là en abondance la communication de l'esprit de notre bienheureux Père, dont il devait demeurer dans la Compagnie un des interprètes les plus exacts, en même temps qu'il montrerait en lui l'imitation la plus exacte de ses vertus.

Toutefois l'Espagne qui avait donné au jeune régent et au jeune étudiant des émotions religieuses si profondes et cette science théologique qui croît, comme dans son terroir, sur le sol qui a produit les Fonseca, les Molina, les Valentia, les Maldonat, les Suarez, les Vasquez, ne devait pas lui apporter le suprême bonheur et le suprême honneur de la consécration sacerdotale. C'est de Melan, petit collège ouvert aux réfugiés de la France dans un pli des montagnes du Valais, où le Père Pillon avait été envoyé, au sortir de sa théologie terminée à Vals, pour remplir les fonctions de Préfet des études, qu'il partit à pied, au mois de décembre 1834, le long bâton à la main, portant sur ses épaules son léger bagage. Après deux jours de marche, à travers les neiges, dans des sentiers de montagne qui lui rappelaient le voyage de la sainte famille allant chercher à Bethléem le berceau de Jésus, il atteignit enfin Annecy. C'est dans la petite cité encore embaumée du séjour de saint François de Sales, près de son tombeau d'où s'échappe le parfum de ses vertus, que le Père Adolphe, préparé par les longues épreuves de la vie religieuse, les labeurs pénibles de la vie de collège, les privations de l'exil, reçut, des mains de Monseigneur Rey, de vénérée mémoire, l'onction sacerdotale et les pouvoirs surnaturels dont il devait user pendant plus d'un demi-siècle pour la sanctification de tant de générations d'élèves et de leurs parents, pour la prospérité de sa famille religieuse, pour l'honneur du sacerdoce et de l'Église et pour son avancement dans toutes les vertus.

Melan n'est pas la dernière étape avant le complet épanouissement des dons particuliers faits par Dieu au Père Pillon, dans l'art d'élever la jeunesse. La Compagnie de Jésus, avant d'admettre ses enfants à la dernière profession, exige d'eux une dernière épreuve. Elle les rappelle des postes quelquefois importants où elle a fait l'essai de leurs vertus et de leurs talents, pour les enfermer dans la solitude, leur faire reprendre les exercices du noviciat avec cette maturité et cette connaissance d'eux-mêmes et des difficultés de la vie active qu'ils ont acquises pendant les années d'études et de régence. C'est ce que nous nommons le troisième an de probation. Cette circonstance le ramena à Saint-Acheul qu'il n'avait pas revu depuis le jour où il l'avait quitté furtivement, quinze années auparavant, en compagnie de Casimir, pour aller frapper à la porte de Montrouge.

Il y revenait seul, rentrait dans ces cours, dans ces salles jadis animées par la présence de plus de neuf cents élèves, devenues aujourd'hui silencieuses ; dans le parloir il revoyait la place où sa sœur Joséphine était venue, quelques jours avant son départ, lui faire partager ses premières joies maternelles, et qui ne serait plus visité que par ses enfants en deuil. L'oncle vénéré dont les tendres soins avaient suppléé la tendresse et les soins de la mère absente, qui avait ouvert aux deux neveux les portes de la vie religieuse, ne vivait plus à Amiens que par le souvenir de ses vertus. Il était réuni dans la récompense à celle qu'il avait si bien remplacée sur la terre et à Casimir qui l'avait rejointe dans le repos. Le 31 juillet 1830, l'ancien compagnon de noviciat du Frère Adolphe, l'ange de ses premiers pas dans la vie religieuse, le Père Frédéric Studer, échappé de Saint-Acheul envahi et mis à sac par la populace, était allé frapper à la porte de la modeste habitation du chanoine Pedot ; du seuil il put entendre le râle du mourant que le vénéré Père Boulanger, depuis Provincial de France et Supérieur général d'Amérique, soutenait de ses exhortations. La vie se prolongea encore quelques jours ; on lui laissa ignorer les tristes événements qui agitaient la France et dispersaient aux quatre vents ses amis de Saint-Acheul. Il s'éteignit le 6 août, sans avoir été troublé dans les sentiments de sa foi religieuse et de sa foi politique.

Mais Estrées était demeuré le centre de la famille, dont les nombreux rejetons aimaient à se grouper autour du vénéré patriarche, Monsieur Pillon. Une des épreuves du troisième an est l'exercice du saint ministère dans les missions de campagne. Une délicate attention des supérieurs assigna au Père Adolphe, pour champ de son zèle, Estrées. Le vieux Jacob serra contre son cœur son Joseph retrouvé. Il le reconnut au son de la voix; car ses yeux, comme ceux de l'antique patriarche, s'étaient voilés. Cette voix ne réjouit pas seulement ses oreilles, elle pénétra son cœur, et ce ne fut pas sans une vive émotion que l'on vit le jour de la clôture de la mission, le vénérable vieillard, soutenu par le bras de son fils, s'avancer vers la sainte table pour recevoir la communion de la main de Monseigneur de Mioland. L'évêque était venu d'Amiens pour couronner les exercices par la cérémonie de la Confirmation qui n'avait pas été conférée depuis de longues années dans la paroisse. Il voulut bien accepter l'hospitalité de la famille Pillon, et les jeunes nièces du Père purent se croire un instant Marthe et Marie servant Notre-Seigneur dans la personne de son Pontife et du missionnaire leur oncle. Quelques années plus tard, en 1840, les bienfaits de cette rénovation spirituelle seront renouvelés à Estrées et à Saint-Fuscien par un frère du Père Pillon que mes yeux cherchent en vain ici, mais dont le cœur est présent à cette solennité, le Révérend Père de Saint-Alouarn que la famille Pillon se plaisait à accueillir comme une seconde personnification, un *alter ego* du Père Adolphe.

La série des épreuves et le travail de formation exigés par l'Institut de la Compagnie sont terminés, plus rien désormais ne détournera le Père Pillon de cette carrière de l'enseignement où la violence seule viendra l'arrêter en brisant le sceptre de son commandement encore si fermement porté par ses mains presque octogénaires. Toutes les régions de la France lui amèneront leurs enfants pour peupler les divers collèges dont la direction lui sera successivement confiée. Elles se comptent par milliers les familles qui se considèrent comme privilégiées, parce que dans la dure nécessité de se séparer de leurs enfants pour leur procurer une éducation complète et leur ouvrir l'accès aux carrières publiques, elles ont pu remettre à ses mains et à son cœur ces chers dépôts qui leur ont été rendus enrichis par son habileté et son dévouement. Elles se comptent par légions innombrables les générations d'enfants aujourd'hui hommes mûrs, vieillards blanchissant ou déjà en possession de la récompense méritée par l'effusion du sang pour l'Église et la Patrie, par les travaux consumants de l'apostolat ou par l'exercice constant des vertus domestiques et qui tous avaient pu dire du collège où ils avaient vécu sous la houlette du Père Pillon, ce que celui-ci avait écrit de Saint-Acheul : « J'aimais mon collège comme la maison de mon père ! »

C'est Brugelette qui d'abord le réclame, Brugelette à la naissance duquel il avait présidé avec la charge de Préfet des études et des classes, et auquel il s'était si tendrement attaché qu'il n'avait pu le quitter pour une année en se rendant au troisième an, sans verser des larmes, ainsi qu'il l'avoue ingénûment dans sa correspondance intime ; Brugelette, dont pendant quinze années, il partagea la direction avec le vénéré Père Delvaux, gardien des anciennes traditions, dans cette identité de sentiments et de vues, et avec cette fraternelle alternance du poste suprême qui faisait tour à tour de l'un le supérieur ou le sujet de l'autre, et amenait cet aveu sous la plume du Père Pillon, après qu'il avait déposé la charge du Rectorat pour reprendre la direction des études : « C'est toujours un peu le Père Recteur sous une autre forme. »

Brugelette! Si les Brugelettois étaient ici, ils diraient que Brugelette fut véritablement le collège du Père Pillon. Il est vrai que leurs fils ou leurs neveux émettraient la même prétention au nom du collège de Lille. Amiens et Sainte-Geneviève feraient entendre à leur tour leurs revendications, et vous, vous tiendriez-vous à l'écart du débat? La vérité est qu'à chacune des tâches qui lui furent confiées, le Père Pillon donna sans compter son temps, ses soins, son habileté rare, sa vigilance, sa prière ; en un mot, à tous et partout il se donna constamment sans réserve aucune. Mais cependant dans ce don entier qu'il fit de lui-même à tous ceux qui réclamèrent ses soins, des conditions et des circonstances n'ont-elles pu se rencontrer où son âme et sa vie se soient plus pleinement identifiées avec sa tâche? Si partout sa direction s'adressa à des cœurs dociles et dévoués, n'est-il pas quelque part des âmes qui, par un sort privilégié, se croient en droit de nourrir la conviction qu'elles se sont trouvées en une correspondance plus exacte avec les prédilections secrètes du Père Pillon, ses vues particulières et l'emploi entier de ses rares facultés? Vos cœurs s'attribuent cette part privilégiée, et moi je ne vous contredirai point, parce que je suis persuadé que si le Père Pillon eut sondé le fond de sa conscience, il eut dû s'avouer une prédilection pour son collège de Vannes et ses fils de Bretagne.

Reconnaissons aux Brugelettois le privilège de se dire les aînés de la grande famille du Père Pillon. Rendons hommage à la fidélité de leurs cœurs éprouvée par une plus longue durée. Disons bien haut que partout où ils ont paru, les élèves de Brugelette ont apporté avec la fermeté inébranlable des principes, une dignité de conduite et une distinction de manières dont l'éclat rejaillissait sur la maison où ils les avaient puisées. Ajoutons qu'ils ne se sont laissé surpasser par personne dans un dévouement à leurs anciens maîtres qui, en plusieurs endroits, a été le plus ferme appui des fondations nouvelles. En ce qui concerne le Père Pillon en particulier, quelle fidélité à se grouper autour de lui chaque année? et, en ce jour qui ramenait pour le vénéré religieux l'anniversaire semi-séculaire et les noces d'or de sa consécration sacerdotale, ne se firent-ils pas les organisateurs de ces fêtes solennelles, les dernières auxquelles il lui fut donné de présider sur cette terre et qui précédèrent de moins d'une année la pompe triomphale de ses funérailles où nous les comptâmes en si grand nombre au premier rang? Néanmoins, défendez votre prétention.

Sans doute Brugelette avait fait goûter au Père Pillon ce témoignage aussi consolant que flatteur de la confiance des nombreuses familles qui n'hésitaient pas à faire franchir à leurs enfants la longue distance les séparant de la frontière septentrionale de la France, pour les envoyer d'ici même, à la recherche de l'éducation religieuse que leur foi chrétienne plaçait au-dessus de tous les sacrifices. Mais Brugelette était sur le sol étranger, accessible à un petit nombre et forcément sans relations suivies avec les familles. Vannes, au contraire, avec Amiens et Avignon, était un des premiers fruits de cette victoire longtemps disputée, remportée enfin au prix des plus persévérants efforts par l'union de l'épiscopat et de ce qu'on était convenu d'appeler le parti catholique, et que l'on eût nommé plus justement l'armée de l'Église et du droit. Vannes réalisait le vœu que le Père Pillon n'avait cessé de nourrir depuis vingt-deux ans qu'il avait vu l'enseignement chrétien banni de France, de le voir refleurir sur le sol même de la patrie. Vannes renouait les traditions d'un passé glorieux : il ressuscitait Sainte-Anne d'Auray, comme Amiens ressuscitait Saint-Acheul. Les enfants qui étaient allés chercher au loin les classes de la Compagnie, continueraient à en jouir chez eux, et d'autres, en plus grand nombre, que des motifs divers retenaient devant les longs déplacements, accourraient pour se préparer par l'éducation du collège, à prendre rang un jour dans la grande armée catholique.

D'ailleurs Vannes, c'était aussi Brugelette par cette nombreuse phalange d'élèves, enfants de l'Anjou et de la Bretagne et même de provinces plus voisines de la frontière, qui suivirent ici leur Recteur bien-aimé et s'associèrent à sa tâche d'y implanter, dès les premiers jours, les traditions et l'esprit qui sont la vie d'un établissement d'éducation. Vannes, c'était Brugelette par ses maitres presque tous anciens professeurs ou anciens élèves de Brugelette, qui établirent, en arrivant, l'enseignement et l'éducation selon les méthodes et la tradition de la Compagnie, avec la même exactitude qu'à Brugelette. Il ne manqua même pas à Vannes un dernier trait de ressemblance, qui parut ramener les temps passés de Brugelette, lorsque le vénéré Père Delvaux, au terme de sa longue carrière, vint chercher auprès de son disciple et de son fils un repos mérité, dans les fonctions de Père spirituel qui avaient été son lot à Brugelette lorsqu'il cédait le premier rang au Père Pillon.

Mais Vannes, c'était aussi Sainte-Anne d'Auray par ces jeunes rejetons d'une génération encore debout, dans le cœur de laquelle le temps n'avait fait qu'affermir les sentiments d'attachement pour les maîtres bannis en 1828, comme il fait pousser des racines plus profondes aux chênes plantés dans votre sol granitique qui semble leur communiquer son indestructibilité. Aussi, on peut le dire, ce fut non seulement avec une faveur marquée, mais avec un véritable enthousiasme que le Révérend Père Pillon fut accueilli par la Bretagne. Il vous arrivait dans toute la force, j'allais dire dans toute la beauté de l'âge viril, riche de l'expérience acquise dans le commerce de ses devanciers et dans le gouvernement de Brugelette où son passage avait marqué les années les plus prospères. Il portait dans son extérieur cette dignité qui vous plaît chez ceux dont vous respectez le caractère, jointe à cet abord facile qui répond à la franchise de votre nature. Son âme vibrait profondément à tous les grands souvenirs dont votre première enfance avait été nourrie; il vous aimait avant de vous avoir vus; c'en était assez pour lui conquérir vos cœurs, si vous n'eussiez déjà été gagnés à l'avance.

Il avoue dans sa correspondance intime, que tout, ici, vient au-devant de ses désirs. L'Université, représentée par un des noms les plus chers à la foi et aux lettres dans votre Bretagne, accueille les nouveaux venus non comme des concurrents redoutés, mais comme des frères d'armes avec qui on rivalisera de zèle pour l'avantage des familles. « Toutes les autorités nous prêtent un concours efficace et de la meilleure grâce du monde. Le Recteur d'Académie est mon meilleur ami, et il m'a confié son fils comme pensionnaire. » Le collège, à sa seconde année, compte plus de trois cent trente élèves. Le labeur est immense. Car ce ne sont pas seulement leurs fils, auxquels s'applique l'éducation du collège, que les parents sont venus confier au R. P. Pillon; ce sont les familles entières qui entendent bénéficier des conseils de sa prudence et s'efforcent d'attirer sa bienveillance sur l'universalité de leurs membres. Cette étroite alliance du Recteur de Saint-François-Xavier avec la société bretonne survivra même à sa présence et à son séjour à Vannes; elle persistera à travers l'éloignement et les années, et quelque vingt ans après son départ de Vannes, lorsque sur d'autres points, sa mémoire aura fléchi, elle se retrouvera entière non seulement pour les anciens élèves de Vannes, mais pour les événements joyeux ou douloureux qui auront visité leur famille depuis son départ.

Ce collège est véritablement le collège du Père Pillon; n'est-ce pas lui qui l'a créé tout entier? Son activité infatigable unie à sa merveilleuse entente des convenances d'une maison d'éducation et à son goût inné pour ce qui est véritablement beau sans sortir des convenances religieuses, ont élevé ces constructions d'un plan régulier, à l'aspect imposant et riant tout à la fois, s'ouvrant à l'air et à la lumière, entourées de ces bosquets et de ce parc que la persévérance et l'habileté ont fait surgir du sol nu. Le sanctuaire qui nous abrite et qui va conserver le monument de votre piété filiale, n'a pas été édifié par les mains du Père Pillon; mais ce couronnement de son œuvre était dans son plan et dans ses désirs. Le temps seul lui avait fait défaut pour élever à saint François-Xavier un temple digne de sa piété. Avec quelle joie le bon Père voyait se compléter partie par partie l'œuvre dont il avait dès le commencement conçu tout l'ensemble! Il nous souvient de l'avoir vu prenant possession de la lande nue et rongée par la mer qui est aujourd'hui la délicieuse solitude de Penboc'h, non moins chère à votre piété qu'elle a été propice à vos délassements. Saluons ici le noble dévouement de la famille généreuse qui l'a reconquis après une dépossession momentanée, afin de la mettre à la disposition de celui en qui revivent ici les pensées, le cœur et l'autorité du Père Pillon, pour les ébats de la jeune génération et pour la joie plus grave des Anciens qui viennent y raviver tous leurs souvenirs.

Devant cette façade aux proportions harmonieuses, dans ces salles inondées de lumière, sous ces cloîtres riants, dans ces cours où circule l'air vivifiant poussé de l'Océan, à travers les allées ombreuses du parc, dans la vaste étendue de la prairie Sainte-Anne fraîchement fauchée, quels ébats d'une joie franche, quelles inventions fécondes de la gaieté animée par l'esprit de famille le plus parfait!

Vous voyiez le majestueux Recteur, déposant un instant la gravité de sa démarche, se mêler à vos jeux. Il aimait à être vainqueur ; vous vous prêtiez à cette ambition secrète, parce que vous saviez que sa victoire était pour lui l'occasion de ménager quelque surprise agréable à ses enfants.

Cette joie, cet entrain profitaient également aux études et à la piété. A certains jours la grande salle retentissait non plus seulement des applaudissements donnés à l'habile interprétation des scènes héroïques, des situations émouvantes dans des solennités littéraires dont plusieurs ont laissé un souvenir ineffaçable : on acclamait les longues listes des vainqueurs dans les épreuves publiques d'où le collège Saint-François-Xavier rapportait sa riche moisson de diplômes. Là préludaient les futurs littérateurs, les hommes de plume destinés à mettre l'éclat de leur talent au service de la vérité ; les magistrats en qui le caractère devait égaler les talents et la science, et qui au jour où on leur demanda des arrêts condamnant la justice, surent noblement déposer leur toge qu'ils avaient juré de ne jamais souiller ; les hommes de paroles, les avocats devenus depuis les orateurs applaudis des conférences publiques, où ils ont noblement défendu la vérité sociale et la vérité religieuse ; les hommes politiques qui ont fait retentir les tribunes de nos deux assemblées souveraines des plus fières revendications de la conscience catholique et des droits imprescriptibles du père de famille.

Mais quelque pures que soient ces gloires, quelque fierté que vous ayez le droit d'en concevoir, il est des souvenirs plus précieux encore qui s'éveillent en ces lieux. Vous avez entendu le Père Pillon ranger au nombre des faveurs les plus chères qu'il avait emportées de Saint-Acheul le bonheur d'y avoir été initié dès sa jeune enfance à la dévotion envers les Saints Anges. Or, je ne serai désavoué par aucun de vous si j'affirme qu'entre les délicieuses visions de votre tendre enfance, dont vous vous plaisez à évoquer le souvenir, elles occupent une place à part, les leçons de ce religieux vénérable, témoin vivant des traditions de Fribourg et de Brugelette, à qui vous aviez décerné le beau titre de « Père des Anges, » et à qui vous permettiez de vous parler jusque dans votre âge mûr, le langage naïf et incisif à la fois qui avait charmé vos jeunes années.

Puis, si de la piété commune montrant dans la famille la fidélité absolue à toutes les pratiques qui font la vie chrétienne parfaite, nous nous élevons jusqu'au dévouement absolu à Dieu par la totale consécration de soi-même, Saint-François-Xavier ne nous apparaîtra-t-il pas couronné d'une gloire que bien peu d'établissements d'enseignement catholique peuvent revendiquer, par cette phalange de trois cents prêtres qui ont puisé dans son enseignement et dans la direction qui y est donnée aux âmes, l'inspiration de se vouer au ministère sacré, le plus grand nombre sur le sol même où leur foi et leur piété ont grandi, les autres couverts des livrées de la vie religieuse partout où les appellent le zèle de la gloire de Dieu et le service des âmes. Je connais assez vos sentiments à tous, pour affirmer qu'entre tous vos anciens camarades, il n'en est point dont vous soyez plus fiers que ceux qui ont ainsi choisi Dieu pour leur part privilégiée.

Ainsi, j'aperçois les élèves de Saint-François-Xavier partout où la patrie et la religion demandent des serviteurs constants et intrépides, dans les deux clergés séculier et régulier, dans les rangs de l'armée où ils ajoutent leur renom personnel à la réputation de bravoure qu'ils avaient héritée de leurs aïeux, dans les conseils des communes et des départements, dans la Chambre et le Sénat où les a portés le suffrage de ces populations redevables à l'influence de leurs principes et de leurs exemples, de la conservation de leur double foi religieuse et patriotique, dont ils les ont chargés d'être les représentants, comme aussi dans ces comités et ces associations inspirés par le double amour de l'Église et de la France, où s'élabore le grand mouvement de réforme chrétienne qui rendra le prospérité et la paix à la société ébranlée dans ses fondements.

Ici, pour dire les gloires du collège Saint-François-Xavier et les nobles et fortes traditions implantées par son fondateur, les pierres elles-mêmes prennent une voix. Elles nomment ces héros vos amis, vos frères, vos pères, qui sont tombés pour la religion et la patrie. Au premier appel de la plus haute majesté, vos rangs s'étaient ouverts. Jeunesse, avenir, vie, tout avait été offert sans compter à Pie IX. Si le premier sang versé à Castelfidardo l'a été par un fils du Père Pillon à Brugelette, le glorieux Mizaël de Pas, le soleil se couchant sur le champ de bataille, éclairait de ses derniers rayons les restes sans vie de Georges d'Héliand, entouré de ses frères d'armes blessés, élèves comme lui de Saint-François-Xavier. Ils étaient tombés pour le Siège de Pierre comme leurs aïeux étaient tombés pour le Saint Sépulcre. Dix ans plus tard, ceux qu'ont épargnés les balles piémontaises et garibaldiennes, rougiront de leur sang, en compagnie d'une élite trop nombreuse, hélas ! de leurs cadets, le sol envahi de la patrie. Écrasés par le nombre sur les champs de bataille de Frescheviller, de Reischoffen, de Sedan, de Champigny, de Patay, du Mans, de Bapaume, de Châteaudun, de Buzenval, d'Orléans et dans les combats de chaque jour, sous les murs de Paris, ils se consoleront en répétant le cri des Machabées : « N'est-il pas préférable pour nous de mourir dans les combats que d'assister aux calamités de notre patrie et aux épreuves des Saints ? » *Melius est nos mori in bello quam videre mala gentis nostræ et sanctorum.* (I Mach., III, 39.) Et, ce chemin de l'héroïsme, avant comme après la date funeste de 1870-1871, il a été souvent marqué du sang des vôtres à Monte Rotondo, en Afrique, au Tonkin et en Cochinchine.

Est-il surprenant dès lors, qu'au jour où la Compagnie de Jésus, voyant l'École Sainte-Geneviève qu'elle avait ouverte à la préparation aux carrières publiques, peupler chaque année, d'une véritable légion d'élus les rangs de l'armée, de la marine et les carrières savantes, voulut rendre plus complète la formation de ces jeunes hommes, l'espoir de la patrie et de la société, lorsqu'elle chercha l'homme en qui se réunissaient à un degré éminent la profonde expérience des hommes et des choses, et l'art d'inculquer aux jeunes gens la fidélité inébranlable aux principes, les délicatesses de l'honneur et le dévouement héroïque à la patrie, son choix se fixa sur le Recteur de Brugelette et de Vannes, pour le charger de donner en quelque sorte, le fini de l'éducation à cette élite des vocations guerrières ou savantes dont la bravoure devait consoler le vieil honneur français, en faisant applaudir dans des luttes sans espoir, l'union indomptable du patriotisme et de la foi. Ils seront nombreux les anciens élèves de Vannes qui, obéissant à leurs traditions de famille, iront demander au Révérend Père Pillon la suprême formation du jeune homme avant de ceindre l'épée ou de prendre en mains la boussole du marin ou le compas de l'ingénieur. Ils formeront aussi une chaîne vivante rattachant sans cesse le Père Pillon à son cher Saint-François-Xavier, pendant qu'ici les frères en religion du Père Pillon qui lui succéderont dans la direction du collège, ne cesseront de s'inspirer de ses exemples et de s'appuyer de son autorité.

Au récit de ces gloires de votre collège, votre cœur tressaille avec une noble fierté, vous vous écriez, comme le

Roi David, contemplant la cité ennoblie par ses exploits : *Gloriosa dicta sunt de te, civitas Dei.* (Ps. LXXXVI, 3.) « On raconte partout tes triomphes, séjour béni de Dieu », et vous renouvelez le serment des Hébreux. « Moi, t'oublier ? Jamais ! Que plutôt ma main droite se sèche, que plutôt ma langue s'attache immobile à mon palais. » (Ps. CXXXVI, 5, 6.) Et si par cet attachement vous dites la gloire de celui qui vous l'a inspiré, lui, du haut du ciel vous la renvoie, remerciant Dieu de lui avoir donné en vous des fils dignes de lui : « *Corona senum filii eorum, et gloria filiorum patres eorum.* » (Prov. XVII, 6.)

III

Vous pensez peut-être, mes chers amis, que cette revue rapide des travaux et des succès du Père Pillon dans l'œuvre de l'éducation a du moins esquissé sa physionomie et crayonné ses principaux mérites. Je suis contraint de vous avouer que l'image qu'elle vous en trace, est incomplète. Il est tout un côté de l'existence de cet éminent religieux qui par sa nature se dérobait à votre observation, ou du moins ne vous permettait de l'apprécier qu'incomplètement, et qui constitue pour nous, ses fils et ses frères dans la vie religieuse, le titre le plus solide à la reconnaissance et à la vénération de la Compagnie de Jésus tout entière. Son souvenir restera à jamais parmi nous, comme celui d'un des hommes qui ont le plus parfaitement réalisé en eux le type du Supérieur tel que saint Ignace l'a tracé dans ses Constitutions.

Saint Ignace veut que le Recteur porte, en quelque sorte, sur ses épaules, tout le poids du collège, par ses prières et par ses saints désirs. *In primis oratione et sanctis desideriis totum collegium velut humeris suis sustineat.* Ces mots ne nous révèlent-ils pas le caractère propre du gouvernement du R. P. Pillon? N'étiez-vous pas frappés, toutes les fois que vous l'approchiez, par cet air de sainteté, par cette gravité religieuse qui ne le quittait jamais, même au milieu des épanchements de la gaieté la plus familière? Ne vous semblait-il pas que son œil, soulevant de temps en temps sa large paupière, pour regarder en haut, allait chercher ses pensées en Dieu? Vous arriva-t-il de sortir d'auprès de lui sans qu'il vous eût communiqué quelque chose de son désir de vous rendre meilleurs ? Or, cet esprit de prière du vénéré Recteur, qui le sentait mieux que nous, les membres de sa famille spirituelle, pour qui ses démarches, pas plus que ses pensées, n'avaient rien de caché ? Nous le goûtions, pour ainsi parler, depuis la première heure du jour, dans cette visite matinale au Saint-Sacrement du début de la journée, où il était impossible aux plus diligents de le devancer, et dont il garda l'exacte pratique, même la veille de sa mort, jusqu'à cet examen de conscience qui clôt la journée du Jésuite, et où l'on le trouvait abîmé, lorsqu'une circonstance exceptionnellement grave contraignait à aller le surprendre au delà des heures ordinaires de travail.

Ces heures de labeur et d'audience aux élèves, aux parents, aux maîtres, c'étaient toutes celles de la journée. On peut dire en vérité, qu'il ne connaissait d'autre occupation que le soin de sa double famille. Il ne s'appartenait point, mais il appartenait à tous. Sa conversation elle-même n'était que le reflet de ses désirs pour la prospérité de l'œuvre qui lui avait été confiée. Cette religieuse préoccupation produisait dans sa conduite, une qualité qui était tout à votre profit, en même temps qu'elle resserrait l'union et fortifiait l'action de ceux qui partageaient avec lui la tâche de travailler à votre éducation et de préparer vos succès. Cette passion de votre avancement le rendait merveilleusement habile à discerner chez les collaborateurs de tout ordre que la Providence lui avait donnés, les talents et les ressources propres à être utilisés à cette tâche commune ; elle faisait goûter à son cœur la plus douce consolation, lorsqu'il en constatait les fruits. Il vous souvient du contentement visible avec lequel il relevait à vos yeux, le mérite de ceux de vos maîtres, dont quelque circonstance particulière avait mis en relief l'habileté et le dévouement, comment alors il se faisait l'interprète de votre reconnaissance, vous apprenant à aimer et à respecter tous ceux auxquels vous donniez le nom de Pères. Une des traditions les plus fidèles de ce pensionnat, n'était-elle pas la déférence avec laquelle vous étendiez votre respect religieux à tous les auxiliaires les plus humbles du Père Pillon, à ces dévoués Frères coadjuteurs, en qui il vous apprenait à respecter les membres de sa famille religieuse et dont plusieurs ont laissé un nom si populaire parmi vous?

Oui, mes frères, la Compagnie de Jésus avait trouvé au plus haut degré chez le Père Pillon « ce grand exemple, cette grande édification, cet empire sur soi-même joint à l'obéissance et à l'humilité » dont saint Ignace fait les vertus maîtresses du Recteur parfait. Il semble au premier abord, que l'obéissance n'ait rien à voir entre les vertus de celui qui commande. Mais la perfection du commandement peut-elle se trouver ailleurs que chez celui dont le cœur est détaché de la satisfaction de dominer? Or, cet amour de l'obéissance fut sans cesse au plus haut degré dans le cœur du Père Pillon. Au milieu de ses plus grands succès, en l'année 1856 par exemple, alors que son cher collège de Vannes entièrement bâti, peuplé à la fois d'un nombreux externat et d'un pensionnat florissant, en possession d'un cours de sciences prospère qui le complète, enregistre les plus magnifiques succès dans les examens publics, en voyant approcher le terme de ce second triennat qui est d'ordinaire la limite de l'exercice du rectorat, il laisse échapper ces lignes dans sa correspondance intime : « Je suis dévoré de la soif d'obéir ; » et il ajoute avec l'enjouement qui lui était familier : « J'espère ne pas me montrer un trop mauvais sujet ! » C'est précisément parce que la Compagnie savait combien il était un parfait sujet que, par une dérogation à la pratique, mais qui n'a rien de contraire à l'esprit des Constitutions et qui rentrait ici dans les intentions de l'Institut, les Supérieurs qui se succédèrent dans le gouvernement général de la Compagnie, le maintinrent pendant quarante deux années, dans l'exercice de la supériorité, soit en qualité de Recteur des cinq collèges qu'il gouverna successivement, soit en qualité de Provincial de la Province de Champagne.

Le Père Pillon, depuis son admission dans la Compagnie, avait constamment exercé les talents extraordinaires dont Dieu l'avait doué pour l'éducation, en dehors de la contrée qui lui avait donné naissance. L'extension prise par les œuvres et par les résidences de la Province de France et le nombre croissant de ses collèges contraignirent le Supérieur général à créer une nouvelle province qui comprit dans sa circonscription, le lieu d'origine du Recteur émérite. La jeune Province réclama le trésor qui lui appartenait et le Père Pillon, au sortir du Rectorat de l'école préparatoire Sainte-Geneviève, alla prendre la direction du collège de la Providence à Amiens. Amiens était la survivance de Saint-Acheul et le Père Pillon allait, en quelque sorte, rendre à la maison qui avait été sa nourricière dans la vertu, le tribut de sa reconnaissance.

Mais la Province de Champagne attendait de celui qu'elle considérait à bon droit comme le plus éminent de ses membres, des services plus étendus. Une véritable explosion de joie accueillit la nouvelle de son élévation au Provincialat au mois de janvier 1867. Que fut ce Provincialat? La réalisation la plus sensible de l'image que saint Ignace a tracée de cette charge, lorsqu'il prescrit au Provincial de porter ses inférieurs à la vertu par ses exemples plus encore que par ses paroles. C'est de lui qu'on put dire véritablement qu'il gouvernait ses sujets, la main dans leur cœur. Ses visites annuelles des maisons, qui sont une des principales obligations de la charge de Provincial, apportaient partout avec elles la joie. Les courages étaient raffermis, les âmes dilatées, la voie à suivre pour perfectionner le bien commencé, éclairée de plus abondantes lumières pratiques. Il pouvait se réjouir comme l'ancien patriarche d'Idumée, de la prospérité de ses fils et des bénédictions que leur apportait sa présence.

Cependant l'heure de l'épreuve allait sonner. Aussi bien, de lui comme de Job, au temps de sa première prospérité, l'esprit jaloux pouvait dire (Job, I, 9-12) : « Est-ce en vain qu'il craint Dieu ? N'avez-vous pas entouré comme d'un rempart et lui-même, et sa maison, et tout ce qui lui appartient ? N'avez-vous pas béni l'œuvre de ses mains et ses biens ne se sont-ils pas accrus sur la terre ? Mais étendez un peu la main et touchez à tout ce qu'il possède et vous verrez quelle sera son attitude ! » La Province que gouvernait le Révérend Père Pillon, comprenant avec la Picardie et le Nord de la France, la Champagne, la Lorraine et l'Alsace, par sa position géographique, appelait sur elle les premiers coups de l'invasion. En quelques jours, séparé d'une partie de ses enfants, il apprenait que les uns, enfermés dans la capitale de l'Alsace étaient sous la pluie des obus prussiens, tandis que les élèves qui peuplaient son plus important collège, en même temps école préparatoire, avaient été à grand'peine sauvés de l'investissement qui allait réduire, par la faim et l'épidémie, la citadelle lorraine, boulevard de la France.

Mais ce n'étaient pas seulement l'horreur des batailles, les lourdes charges de l'invasion et de l'occupation paralysant les œuvres du saint ministère, transformant les maisons et les collèges déserts en ambulances ou en cantonnements de l'ennemi, dans l'étendue presque entière de la province, qui devaient l'affliger avec les siens. Ces chers territoires, qu'une frontière funeste sépare de la France, sans avoir cicatrisé la plaie toujours saignante qui ne veut pas se fermer, appartenaient à la province de Champagne, étaient la patrie d'un grand nombre de ses membres. C'étaient, en Alsace, le florissant noviciat dans le site charmant d'Issenheim, au pied des Vosges, et la nombreuse résidence de Strasbourg avec la charge des prédications de la cathédrale, en Lorraine, le collège Saint-Clément de Metz avec son école préparatoire arrivée au faîte de sa prospérité, qui étaient arrachés comme des lambeaux vivants, sans même que leur héritage pût être recueilli par des mains amies.

Il fallait suppléer ces pertes, et c'est ici que se multiplièrent l'activité et l'habileté du Père Provincial. La résidence de Belfort est fondée comme un poste avancé touchant à cette chère Alsace que ses enfants ne peuvent se résigner à quitter pour jamais. Dijon, Reims et Lille ouvrent des collèges. Dans cette œuvre de réparation, le Révérend Père Pillon ne peut se contenter de diriger les autres, il veut payer de sa personne, à un âge où d'autres eussent estimé qu'ils avaient conquis le droit à un légitime repos. C'est à la fondation de Lille qu'il va se dévouer, comme vingt-deux ans auparavant il s'était dévoué à la fondation de Vannes. Mais combien les circonstances étaient différentes ! Sans doute, le vœu de la population si catholique de Lille, les souvenirs de Brugelette et d'Amiens vivant chez un grand nombre de pères de famille, assuraient à la nouvelle fondation les sympathies les plus ardentes et les plus généreuses. Mais, dans cette puissante contrée qui vit de l'industrie, le long chômage imposé par la guerre avait diminué les ressources. De plus, c'était dans une place forte de premier ordre, où l'industrie se dispute les terrains limités par une enceinte infranchissable, qu'il fallait conquérir par parcelles dont plusieurs appartenaient aux administrations publiques, le vaste emplacement d'un collège pouvant suffire aux besoins d'une population qu'un agrandissement incessant porterait prochainement à plusieurs centaines de milliers d'habitants. Il ne manquait pas parmi nos amis les plus dévoués de voix prudentes pour nous détourner d'une entreprise si hasardeuse. Confiant dans la prière et dans la générosité inépuisable des catholiques de Lille, le Père Pillon étonnait tout le monde par son activité et par sa calme assurance ; il conquit les terrains, réunit les souscriptions, dressa les plans. Il put installer enfin l'externat Saint-Joseph dans un édifice que n'entoure pas la riche ceinture de végétation qui se déroule autour du pensionnat Saint-François-Xavier, mais qui dresse sa façade d'un style sévère et ouvre ses vastes classes, ses cloîtres largement éclairés qui rappellent les vôtres, ses cours spacieuses, aux sept cents enfants lillois dont il est peuplé, en face des somptueuses constructions des Facultés catholiques également dédiées à saint Joseph, et auxquelles la fondation du Père Pillon fournit chaque année un recrutement choisi.

Il semblait que le vénéré religieux dût jouir en paix de son œuvre. Peut-être ambitionnait-il secrètement de finir ses jours dans son cher collège Saint-Joseph dont la conduite serait laissée à un de ses collaborateurs plus jeune qui continuerait à le diriger suivant son esprit. Mais Dieu voulait pour son serviteur une perfection plus haute, ce je ne sais quoi d'achevé que l'adversité donne à la vertu, et pour nous, ses enfants, une leçon plus complète des sacrifices par lesquels s'achète l'empire sur les âmes pour les conduire à Dieu. Le Père Pillon avait été le serviteur infatigable de l'œuvre de l'éducation depuis bientôt soixante années, il fallait qu'il en devint la victime ; il en avait été le prince, il fallait qu'il en devint le martyr. Sans doute, l'esprit ennemi n'obtint pas la permission d'attenter à sa vie ; le saint vieillard se fut estimé trop heureux de verser son sang pour la cause sacrée à laquelle il avait voué son existence entière. Mais il est des larmes du cœur, un sang de l'âme qui font endurer des tortures plus cruelles que les blessures qui déchirent les membres. Ces douleurs, le Père Pillon les savourera dans toute leur amertume.

Faut-il vous rappeler ces jours de deuil pour la religion et d'outrage à la liberté, où l'iniquité qui n'avait pu se faire admettre dans les lois, recourait à la force, sous prétexte d'exécution de décrets auxquels les tribunaux compétents refusaient leur sanction ? Fort de son droit et fidèle à son devoir, le Père Pillon était demeuré à la tête de son collège. Cédant à la nécessité, il avait dispersé sa communauté ; c'était à titre de citoyens auxquels nulle loi n'interdisait le pouvoir d'enseigner, que les maîtres venaient aux heures des cours donner leurs leçons dans la maison. Que pouvait-on attaquer en eux ? Aucun tribunal ne les eût condamnés non plus que le chef d'institution qui usait de leurs services. On résolut de s'en prendre à celui-ci. Pour y réussir, il fallut faire violence aux mots eux-mêmes.

Il est dans notre législation scolaire une disposition inspirée par le respect délicat qui est dû à l'enfance. Une juridiction exceptionnelle a été créée en vue du cas où l'indignité morale insaisissable aux tribunaux ordinaires, se produirait tout à coup chez un homme investi des fonctions de l'enseignement. Une compétence unique a été donnée à une assemblée d'une composition spéciale en vue de l'appréciation de ces nuances délicates ; examinant et décidant presque comme en un conseil de famille, elle dépose sans délai l'indigne et ferme l'établissement où s'est produit le fait d'immoralité. Qui eut jamais cru que cette flétrissure d'immoralité pût s'appliquer au prêtre vénérable, au religieux éprouvé qui, depuis cinquante-sept ans, avait formé des générations innombrables à la religion, au patriotisme et à l'honneur, et cela, pour n'avoir pas repoussé comme indignes de l'établissement où ils n'avaient cessé de mériter la reconnaissance des familles et le respectueux attachement des enfants, les maîtres sur lesquels ne pesaît aucune incapacité légale ? Oui, il se trouva une assemblée, composée en majeure partie de maîtres de l'enseignement officiel pour déclarer, à une faible majorité, il est vrai, que notre père à tous avait encouru le délit d'immoralité professionnelle en reconstituant une communauté clandestine à l'aide d'hommes contre lesquels aucun tribunal civil ou criminel n'eut trouvé un seul article de loi à leur appliquer.

On dit que lorsque le vénérable accusé entra dans la salle où son apparition excita une curiosité respectueuse, son regard, en s'élevant fit baisser les yeux de ceux que l'on avait réunis pour le condamner. Les plaidoieries terminées, après avoir remercié ses habiles défenseurs, il prononça ces simples paroles : « Laissez-moi vous dire qu'après avoir usé près de cinquante années de ma vie à l'éducation de la jeunesse ; après avoir fondé et gouverné longtemps (trente-trois ans) plusieurs collèges importants, entre autres l'École Saint-Joseph de Lille, et cela sous le regard et sous le contrôle de l'Université elle-même, sans qu'elle ait jamais eu à m'infliger le moindre blâme, il m'est dur de me trouver à soixante-seize ans sur le banc des accusés. Je ne crains rien pour mon honneur, il sortira intact et victorieux de cette lutte. » Les paroles qui suivirent faisaient ressortir le dommage qui s'ensuivrait pour les études des élèves subitement interrompues et l'entrave mise au droit des parents de choisir les maîtres de leurs enfants, si une sentence de condamnation était prononcée. L'impression fut profonde et s'il s'était trouvé deux juges de plus pour dire *Non*, un souvenir humiliant eût été épargné, non au glorieux condamné qui ne pouvait en souffrir d'atteinte, mais au tribunal qui, ce jour-là, parut rendre des services.

S'était-on flatté par cette condamnation ordonnée à l'avance, de tuer l'œuvre du Père Pillon à Lille ? S'il en avait été ainsi, le calcul fut trompé. L'interdit était jeté sur les bâtiments du collège Saint-Joseph au milieu de l'année scolaire. Mais les vastes constructions d'une des maisons de famille de l'Université catholique venaient d'être terminées. Les enfants de Saint-Joseph devinrent, pour la durée de l'interdiction légale, les enfants de Notre-Dame. A ces enfants devenus orphelins, la Providence avait préparé un Père. Le double lien d'un tendre respect d'une part, d'une affectueuse confiance de l'autre, avait attaché au Révérend Père Pillon un des éminents professeurs des Facultés catholiques de Lille, âme élevée, sachant atteindre au plus haut dévouement, esprit fin et délicat, servi par une plume qui lui avait conquis déjà la réputation d'un des écrivains les plus distingués de notre époque. Vous avez nommé l'historien de saint Jean, de saint Ambroise et de Madame Barrat, en attendant qu'il le devint bientôt du cardinal Pie. Le Père Pillon lui légua celui qui avait été son bras droit dans le gouvernement de Saint-Joseph, et, les élèves sous d'autres traits, aux accents d'une voix nouvelle, continuèrent à sentir l'inspiration d'un même cœur.

Quant à l'honneur du saint vieillard, l'indignation publique sut faire justice de la sentence de flétrissure. Ceux qui étaient alors présents à Lille n'oublieront jamais cette imposante manifestation de plus d'un millier de catholiques ayant à leur tête tout ce que la cité comptait de plus recommandable par le dévouement à la cause catholique et par les services rendus à la ville et au pays, qui se déroula à travers les rues en un long cortège se grossissant à chaque pas d'une foule qui stationna devant le collège désert pendant que ses représentants offraient au vénéré proscrit, avec la protestation des pères de famille blessés dans leurs sentiments et dans leurs droits les plus sacrés, l'hommage de leur dévouement inébranlable à l'œuvre qu'il confiait en de si habiles mains.

L'honneur du religieux était vengé. Mais la blessure n'en resta pas moins vive et sensible au cœur du père de tant d'enfants auxquels il lui était interdit désormais de se dévouer. L'âme du Père Pillon était délicate et fière, autant qu'humble et courageuse. Plusieurs fois nous l'entendîmes répéter, non sans quelque amertume dans le sourire : « Immoral, moi, immoral ! » Le Père Pillon était obligé de quitter son collège, cette demeure qu'il avait bâtie. Une hospitalité honorable que la modestie seule du religieux empêcha d'être somptueuse, lui fut offerte par une noble famille du Nord, digne de s'unir à votre Bretagne par l'illustre alliance qui vient de faire partager à une de ses filles un des noms les plus honorés parmi vous et les plus chers à Saint-François-Xavier.

Tant d'épreuves eussent suffi à briser un courage plus qu'ordinaire. Ce vieillard de soixante-seize ans n'abandonna pas le terrain de la lutte. L'illustre Pontife qui faisait aimer et vénérer la pourpre sur le siège métropolitain de Cambrai, l'Éminent cardinal Regnier, apprenant le danger qui menaçait Saint-Joseph, s'était écrié : « J'irai, s'il le faut, y occuper une chaire de surveillant. » Saint-Joseph n'eût pas besoin de recourir à ce prodige d'humilité ; les concours empressés lui vinrent de toutes parts, des rangs du clergé comme des Facultés catholiques dont les professeurs les plus distingués ne reculèrent pas devant les fonctions de maîtres de classes et même de répétiteurs. Ce fut le Père Pillon qui, en échange des jeunes professeurs dont l'administration diocésaine se privait pour Saint-Joseph, eut la satisfaction de mettre au service des nombreux collèges ecclésiastiques du Nord, l'expérience et le dévouement de ses professeurs écartés du collège Saint-Joseph par l'arbitraire administratif.

Là ne se borna pas son zèle. Jusqu'alors, la Compagnie de Jésus s'était appliquée presque uniquement à former ses futurs professeurs selon ses méthodes, dans les cours privés de ses juvénats et de ses scholasticats, sous des maîtres éprouvés par l'enseignement dans les collèges et les écoles préparatoires, et l'expérience était là pour dire si cette formation était sans valeur. Mais on commençait à pressentir dans l'avenir des exigences nouvelles de la part des pouvoirs publics, réclamant la constatation officielle par les jurys universitaires, de la capacité des maîtres qui se destineraient à l'enseignement libre. L'Université catholique de Lille avait organisé ses cours de préparation à la licence et au doctorat dans les lettres et dans les sciences. Le Père Pillon groupa autour de lui les jeunes religieux auxquels la dispersion faisait des loisirs forcés. Du même coup, il prépara pour l'heure de la réparation qui n'a pas encore sonné, les maîtres satisfaisant à toutes les exigences légales, et il donna aux Facultés des lettres et des sciences, des auditeurs dont l'assiduité et les succès méritent chaque année les applaudissements de leurs maîtres. Ainsi, parmi les ruines, il préparait et taillait les matériaux de l'édifice de l'avenir. La mort viendra le chercher au milieu de cette jeunesse qui conservera le souvenir et gardera les traditions du vénéré Père.

Cette florissante génération destinée à nous remplacer, nous qui vieillissons, elle n'ignorera point le passé. Le Père Pillon aimait à le faire revivre et même à en tirer des leçons pour maintenir ferme et respectée la chaîne des traditions. Faut-il vous rappeler ce détail presque insignifiant en lui-même, mais qui a son prix pour votre filial attachement? Dans l'appartement du Père Pillon, qu'il avait fait dépouiller de tout ornement luxueux, entre quelques images de piété fort simples, un seul tableau se détachait sur la muraille faisant face à sa table ; c'était la photographie des anciens élèves de Vannes, zouaves pontificaux groupés dans un campement de la campagne romaine. Ce souvenir l'avait suivi partout.

Mais vous n'étiez pas présents à ses yeux et à sa mémoire seulement. C'était pour le bon Père un vrai bonheur de s'entretenir de Vannes et surtout d'accueillir et d'entretenir les anciens Vannetais. Cette consolation ne fit point défaut à ses dernières années. Entre ceux qui eurent la consolation de lui prodiguer les marques de leur reconnaissance, je dois nommer au premier rang ce noble cœur si fidèle au souvenir des anciens jours, Cyprien de l'Estoile, alors adjudant-major au 16e bataillon de chasseurs, en garnison à Lille, que le Père Pillon ne désignait pas autrement que par cette dénomination familière : « Ce cher Cyprien, » et dont la mémoire se mêle aujourd'hui à ces souvenirs tristes et consolants à la fois. Permettez à mon cœur de donner une mention spéciale à cet ami dévoué dont j'ai reçu les confidences pendant les sept années que la Providence nous a réunis à Lille, après vingt ans de séparation. Rendre hommage à sa mémoire ne sera pas nous éloigner de l'éloge du Révérend Père Pillon qui reconnaissait en lui un des plus beaux fruits de l'éducation de Saint-François-Xavier, en même temps que Cyprien fut auprès de lui votre plus persévérant représentant.

Ce que fut Cyprien de l'Estoile au point de vue militaire, ses frères d'armes ici présents le savent. Les notes de ses chefs, même de ceux aux yeux de qui la ferveur de ses convictions religieuses et la fidélité de ses principes politiques n'étaient rien moins qu'une recommandation, le désignaient unanimement comme un officier de grand avenir. Doué d'un rare sang-froid et d'une brillante bravoure qui l'avait fait décorer sur le champ de bataille, remarqué pour la justesse de ses observations et la portée de ses vues dans ses rapports et ses concours, exerçant sur le soldat cette autorité qui se traduit par un mélange de crainte et d'affection d'où naissent la confiance et le dévouement envers son chef, il pouvait prétendre et atteindre aux plus hauts grades. S'il aimait le noble métier des armes, à son aspect martial, on l'eût deviné avant que de l'entendre! Pour lui, servir était une vocation. Aussi, avec quelle délicatesse de conscience, il envisageait les devoirs de son état! Lorsque les conséquences de l'infirmité d'estomac qu'il avait contractée pendant son internement en Allemagne, se traduisirent par un affaiblissement graduel de ses forces, l'obligeant à éviter quelques fatigues excessives, il était sûr que l'estime et l'affection de ses chefs lui accorderaient tous les ménagements réclamés par sa santé. Mais il se demandait, lui, l'officier modèle, s'il pouvait consciencieusement garder sa situation et occuper la place qui serait mieux tenue par un autre plus valide! Ce fut ce scrupule qui le détermina après de longues hésitations à briser lui-même sa carrière, en demandant sa retraite : « Je pourrais rester, m'écrivait-il, mais je ne puis servir comme j'entends qu'on doit le faire. »

Aussi, comme il comprenait ses devoirs envers l'âme comme envers la vie et la santé des hommes qui lui étaient confiés! Je le vis inconsolable et je dus calmer les scrupules de sa conscience, après la mort d'un des hommes de son bataillon qui, par la négligence d'un subalterne dont il ne pouvait être responsable, avait expiré dans la cour de la caserne sans qu'un prêtre eût été appelé. Sa piété rappelait celle des anciens preux. Il y a quelques mois, à la nouvelle de sa mort, une femme du monde me disait que plusieurs fois elle avait senti sa ferveur se réveiller en voyant ce jeune officier réciter son chapelet à genoux, devant l'image de Notre-Dame de la Treille, où l'on était sûr de le rencontrer à une certaine heure, toutes les fois qu'il n'avait pas été retenu ailleurs par quelque nécessité de son service. Ah! comme il aimait l'Église! Comme son âme faite de foi religieuse et chevaleresque, s'émouvait aux outrages qui lui étaient adressés! Vous savez s'il tenait par le fond de ses entrailles à cette armée à laquelle il avait sacrifié presque l'espoir de fonder une famille, n'ayant jamais consenti à entendre à un mariage qui aurait imposé des restrictions à son dévouement absolu à sa carrière; néanmoins, au lendemain de la promulgation du nouveau règlement militaire qui interdisait à l'escorte en armes d'accompagner le convoi dans l'église, il prit la plume et écrivit cette clause qui se retrouve textuellement dans son testament définitif : « En raison de l'esprit antichrétien des règlements en vigueur, j'interdis formellement les honneurs militaires. »

Sa douleur avait été profonde en apprenant la mort du Révérend Père Pillon : les deuils qui s'étaient multipliés autour de lui, avaient laissé encore une place dans son cœur pour celui-là. Il devait rejoindre bientôt ce Père vénéré, en même temps que sa sœur et ses frères moissonnés presque à la même époque. Il avait inscrit en tête de son testament ces lignes : « En ce jour de sa fête, je demande au divin » Cœur de Jésus, par l'intermédiaire de sa Très Sainte » Mère, de me faire la grâce d'achever ma vie en chrétien » ferme et fervent et de me venir en aide à l'heure su- » prême. » Sa prière fut pleinement exaucée. Dieu lui demanda et aux siens, le sacrifice de sa vie, sans qu'aucun de ceux qu'il chérissait si tendrement fût présent à son chevet pour recevoir son dernier adieu. La religion seule était présente; elle suffit à l'affermir et à le consoler, et lorsque son frère, accouru en hâte, arriva à Amélie-les-Bains, ce fut pour recevoir de la religieuse garde-malade, qui avait suppléé près de lui la famille absente, et du vénérable prêtre qui lui avait administré les derniers sacrements, l'expression de leur admiration pour la piété et la résignation de ce jeune officier dont les lèvres n'avaient jamais laissé échapper une plainte et dont les pensées et l'attention s'étaient soutenues, jusqu'à la dernière heure, uniquement pour la prière. Sa mort par plus d'un trait, imitait celle du Père Pillon, arrivée un an auparavant presque jour pour jour.

Les derniers moments des hommes véritablement saints font éclater la plénitude de leurs vertus. On dirait que sur le point de paraître devant son juge, l'âme détachée de tout ce qui l'avait captivée ici-bas et uniquement occupée du compte qu'elle va rendre, laisse mieux paraître ce qu'elle est dans son fond. J'ai dit que le Père Pillon avait souvent sollicité la faveur d'être déchargé du fardeau et des responsabilités de la supériorité. Le Supérieur général de la Compagnie crut qu'était enfin arrivée l'heure d'exaucer sa demande et de lui permettre de donner une dernière leçon à ses frères et à ses enfants par son humilité. La reconnaissance de la Compagnie, exprimée par le T. R. P. Général et par le R. P. Provincial, et la tendre vénération de tous ceux dont il avait été le père et le soutien pendant tant d'années, le suivirent dans sa retraite. Lui, n'avait qu'une préoccupation, rentrer dans l'obscurité du rang commun et faire oublier à tous, s'il était possible, qu'il avait été leur supérieur : « Plus rien ici qui sente le Supérieur, » disait-il en faisant la revue du chétif mobilier de sa chambre.

Le repos pour lui, ne fut pas de longue durée. Aussi bien, sa préparation au passage suprême n'avait pas besoin d'être longue. Les mains du bon et fidèle serviteur s'étaient chargées de mérites. Après une défaillance qui avait été, selon son expression, le coup de cloche d'alarme, il lui était échappé de dire dans la calme loyauté de sa conscience : « Je suis prêt pour le grand voyage. » Oh! oui, vénéré Père, vous êtes prêt. Vous avez noblement rempli votre tâche. Un long cortège de vos enfants qui vous ont précédé, vous appellent à les rejoindre dans le repos et la récompense ; vos anciens dans la religion vous réclament pour la glorieuse couronne qu'ils forment autour de nos Bienheureux pères Ignace et Xavier. L'épreuve de la caducité et de la maladie ne dura qu'autant qu'il fallait pour mieux faire briller en lui l'accomplissement de cette dernière prescription de nos Constitutions : « De même que dans tout le cours de sa vie, ainsi et mieux encore, dans sa mort, tout membre de la Compagnie doit glorifier notre Dieu et Seigneur Jésus-Christ en accomplissant sa volonté, en édifiant le prochain, au moins par l'exemple de sa patience et de son courage uni à une foi vive et soutenu par l'espérance et l'amour des biens éternels que Jésus-Christ Notre-Seigneur nous a mérités et acquis par les incomparables labeurs de sa vie mortelle. » Les derniers moments du Père Pillon furent le vivant commentaire de cette prescription des Constitutions. On l'avait vu jusqu'aux derniers jours de la semaine qui précéda sa mort, exact à suivre ponctuellement tous les exercices de la communauté, même le lever matinal et la participation à la table et à la récréation communes où il se rendait péniblement sans accepter l'aide des services qu'on lui offrait.

Durant la nuit qui précéda immédiatement sa mort, ce qui est d'ordinaire pour les autres l'égarement et le délire, ne fut pour lui que l'obscurcissement de la vue et l'affaiblissement de l'attention. Rendu ainsi étranger à ce qui se passait autour de lui, il était tout entier à l'évocation du passé dans son cœur et à l'entretien de son âme avec Dieu. Sur ses lèvres revenait souvent cette expression par laquelle saint François Xavier caractérisait la Compagnie naissante : *Societas Jesu, societas amoris,* qu'il avait aimé à répéter fréquemment pendant sa vie et qu'il avait si bien réalisée partout autour de lui. Puis, c'était l'œuvre de sa vie, ses chers collèges ; d'une voix forte, comme s'il parlait encore aux élèves réunis : « Les jeunes gens d'élite doivent former un bataillon d'élite. » La France, avec ses blessures, ses humiliations et les iniquités que l'on commet en son nom, passe devant ses yeux : « Pauvre France ! pauvre France ! Enfin nous sommes entre les mains de Dieu. » Les noms des Saints les plus chers à sa dévotion s'échappent de ses lèvres : Ignace, Xavier, Borgia, Régis, Gonzague, Stanislas, Rodriguez, Berchmans. Il appelle à lui les saints religieux ses amis, qui l'ont précédé dans le sacrifice :

Varin, Guidée, Ravignan, Olivaint, Ponlevoy. Ensuite il se recueille. D'une voix lente et grave on l'entend réciter l'*Ave Maria*, en insistant sur la demande finale, *Nunc et in hora mortis nostræ* : « Maintenant et à l'heure de notre mort ! » Puis il se tourne vers celui qui avait été, pendant ses soixante-deux années de vie religieuse, au sommet de toutes ses pensées : « O mon Père Ignace, ne me repoussez pas ! » Bon Père, saint Ignace le repousser, lui qui a été une des personnifications les plus complètes du religieux, tel qu'il en a tracé l'image dans ses Constitutions ! Ah ! ne lui a-t-il pas réservé une place de choix dans cette Société triomphante qui, depuis trois siècles et demi, appelle à elle tous ses enfants qui sur la terre ont combattu, enchaînés par les mêmes vœux, fidèles aux mêmes observances, sous l'étendard de Jésus-Christ ? Son rang n'est-il point parmi ceux qui ont eu une plus large part à ce legs des persécutions que notre saint fondateur nous a laissé pour unique héritage, et qui ont pu, comme les Apôtres, au sortir du Conseil des doctes et des puissants, se réjouir d'avoir subi l'injure pour le Nom de Jésus ?

Et maintenant, mes chers amis, de cette grande existence qui s'est éteinte, ne restera-t-il qu'un froid souvenir dans notre mémoire, avec l'image muette de ses traits conservés par vos soins aux générations qui se succéderont dans ce collège pour y recevoir l'éducation suivant la tradition de ses leçons ? Non, la mort ne nous l'a pas ravi tout entier. Je ne veux pas même que vous vous plaigniez que sa dépouille mortelle repose loin de vous, sous la garde de ces catholiques du Nord, dignes de faire une fidèle faction autour des restes chéris auxquels leur concours a rendu des honneurs que je devrais appeler princiers.

Il vit au milieu de vous, ce père vénérable, par son esprit qui vous anime et par sa prière qui vous soutient. Vous le fites voir, sept ans déjà écoulés, à l'heure ou la même tempète qui fondit sur lui à Lille, menaçait de ruiner son œuvre à Vannes. Ce fut ici comme là-bas un même courage intrépide dans la lutte. Un long tressaillement s'empara de la Bretagne et de l'Anjou. On vous vit accourir tous, et les anciens des premières années de Saint-François-Xavier et ceux qui, à peine sortis des bancs, sentaient cependant en eux la même inspiration que leurs aînés, et, dans cette salle, dont les échos n'avaient appris à répéter jusqu'alors que les acclamations joyeuses et les chants de fête, un cri magnanime retentit, semblable au cri qui s'échappe des poitrines valeureuses à l'heure des périls suprêmes : Non, Saint-François-Xavier ne périra pas !

Que fallait-il pour le sauver ? Les sacrifices généreux ? Vos bourses s'ouvrirent. Un personnel de professeurs dévoués, succédant à vos anciens maîtres interrompus par l'expulsion brutale au milieu de leur tâche ? Ils se levèrent innombrables, ces anciens élèves de Saint-François-Xavier, s'arrachant aux occupations si consolantes de l'apostolat et du ministère pastoral auprès de vos catholiques populations, pour prendre sur eux les ingrats labeurs du professorat et de la surveillance. Que fallait-il encore ? Une population nombreuse d'élèves, en dépit de l'impopularité jetée sur un collège, naguère si prospère, par les menaces toujours pendantes des pouvoirs publics hostiles ? Vous jurâtes que vos fils ne connaîtraient point d'autre éducation que celle qu'avaient reçue leurs pères, et, laissez-moi vous le dire, mes chers amis, rien n'est plus touchant pour moi que de retrouver ici, après trente années, avec le même cœur, le même esprit, les mêmes noms et jusqu'aux mêmes traits des visages ; c'est à croire à quelque merveilleux secret pour faire revivre le passé. Cette lutte généreuse, vous la continuez depuis sept années, et il me semble que la journée présente apportera une nouvelle force à vos courages.

Le deuxième livre des Machabées se ferme sur le récit de la vision merveilleuse qui enflamma l'âme de Judas Machabée et prépara sa victoire sur Nicanor. L'entière défaite des Juifs paraissait assurée, et déjà Nicanor, songeait à dresser un trophée commun de toutes ses victoires. Mais Judas gardait le ferme espoir que le secours lui viendrait de Dieu, *Machabæus autem semper confidebat cum omni spe auxilium sibi a Deo affuturum* (II Mach. XV, 7). Pour faire passer son ardeur dans l'âme de ses soldats, il leur rappelait les marques si nombreuses de la Providence qu'eux-mêmes avaient reçues; il les armait aussi, dit le texte sacré, « non de lances et de boucliers, mais de vives paroles et de pressantes exhortations qu'il adressait à chacun d'eux, » puis il confirmait son annonce de la victoire par le récit « d'un songe digne de foi qui remplit leurs cœurs d'allégresse. »

Le personnage mystérieux qui lui était apparu c'était Onias, qui avait été autrefois grand-prêtre, homme bon et doux, d'un aspect vénérable, aux manières modestes, au langage empreint de dignité, et qui, dès son enfance, s'était exercé dans les vertus, *Oniam qui fuerat summus sacerdos, virum bonum et benignum, verecundum visu, modestum moribus et eloquio decorum et qui a puero in virtutibus exercitatus sit;* les bras étendus, il priait pour tout le peuple des Juifs, *manus protendentem orare pro omni populo Judæorum* (Ibid. 12). Alors s'avança un autre personnage plus ancien que lui, tout resplendissant de gloire et environné de l'appareil du triomphe, *post hæc apparuisse et alium virum, ætate et gloria mirabilem et magni decoris habitudine circa illum.* (Ibid. 13). Onias dit en le montrant à Judas : « Le voici celui qui aime ses frères et tout le peuple d'Israël, celui qui prie sans relâche pour le peuple et pour la cité sainte, Jérémie, le prophète de Dieu. » *Hic est fratrum amator et populi Israel; hic est qui multum orat pro populo et universa sancta civitate, Jeremias, propheta Dei* (Ibid. 14). Alors, Jérémie, étendant le bras vers Machabée, lui remit une épée d'or en lui disant : « Reçois ce glaive sacré, présent de Dieu, avec lequel tu renverseras les ennemis d'Israël, mon peuple. » *Accipe sanctum gladium, munus a Deo, in quo dejicies adversarios populi mei Israel.* (Ibid. 14).

Ce personnage, aux traits empreints de bonté et de majesté tout à la fois, à la démarche religieuse, au langage plein de douceur et d'autorité, vous l'avez reconnu déjà et nommé. C'est le religieux incomparable, le prêtre vénéré, père de vos âmes, que vous contempliez montant au saint autel avec une dignité si grande pour redescendre vers vous et vous distribuer le Dieu de l'Eucharistie. Aujourd'hui, comme jadis, ses bras s'élèvent et sa supplication ardente invoque le salut pour cette famille devenue un peuple nombreux qui s'est réunie à son appel et continue à vivre sous ses lois. Et ce protecteur, tout-puissant sur le cœur de Dieu, qui, à sa prière descend à votre secours, vous l'avez reconnu aussi, c'est le prophète, le thaumaturge, le conquérant des âmes, le frère d'Ignace, François Xavier, à qui le Père Pillon, dès le commencement, avait confié son œuvre et que votre confiance, au jour du péril, a solennellement constitué gardien et champion de son collège : *Posuerunt me custodem.*

Et vous, mon Révérend Père, qui vous faites gloire d'être redevable au Révérend Père Pillon des enseignements qui, en formant votre enfance à la piété et au travail, préparèrent la voie à l'appel de Dieu pour vous ranger à ses côtés, vous qui êtes venu reprendre ici l'œuvre à laquelle il vous avait associé dès le début, portez avec confiance ce glaive d'or de l'autorité et de la charité qui fait reculer tous les ennemis, *in quo dejicies adversarios populi mei.* Le récit sacré continue en nous parlant de ces paroles vraiment bonnes, de ces discours pleins de réconfort, *sermonibus bonis valde*, par lesquels Judas excellait à soutenir l'élan, à fortifier le cœur de la jeunesse : *Exhortati itaque sermonibus bonis valde de quibus extolli posset impetus, et animi juvenum confortari.* Il s'agissait du salut de la cité sainte et de son temple, *eo quod civitas sancta et templum periclitaretur.* (Ibid. 17.) Certes les ennemis étaient nombreux, *Considerans Machabæus adventum multitudinis*, l'appareil des machines redoutable, *apparatum varium armorum*, la haine irréconciliable, *et ferocitatem bestiarum.* Machabée étendit son bras vers le ciel, il invoqua le Dieu des prodiges, *prodigia facientem Dominum invocavit.* (Ibid. 21.) Le choc eut lieu. Judas et ceux qui étaient avec lui, le nom de Dieu à la bouche, engagèrent le combat par la prière, combattant des mains, mais invoquant le Seigneur dans leurs cœurs, *Judas vero, et qui cum eo erant, invocato Deo, per orationem congressi sunt; manu quidem pugnantes sed Dominum cordibus orantes.* (Ibid. 26, 27.)

Vous avez connu, Messieurs, ces périls, ces luttes et ces victoires inespérées, et aujourd'hui, groupés dans la joie autour de celui qui porte le glaive d'or de Judas Machabée, rapportant la gloire du succès à la prière de votre vénéré fondateur et à la protection de Xavier, vous vous écriez, comme les guerriers de Judas défilant devant les trophées de la victoire : « Béni soit le Seigneur qui a gardé intacte sa demeure. » *Omnes cœli benedixerunt Dominum dicentes : Benedictus qui locum suum incontaminatum servavit.* (Ibid. 34.)

APPENDICES.

I.

DATE DES PRINCIPAUX ÉVÉNEMENTS

DE LA

VIE DU RÉVÉREND PÈRE ADOLPHE PILLON.

Né et baptisé à ESTRÉES (Somme), le 24 avril 1804;

Surveillant auxiliaire au collège de SAINT-ACHEUL, 1822-1823;

Admis au noviciat de MONTROUGE, le 21 août 1823;

Admis aux PREMIERS VŒUX, le 8 septembre 1825;

Surveillant, puis Professeur à DOLE, 1825-1828;

En dispersion, 1828-1829;

Professeur au PASSAGE, en Espagne, 1829-1831;

Étudiant en théologie à MADRID, 1831-1833;

Étudiant en théologie à VALS, 1833-1834;

Ordonné prêtre à Annecy, le 28 décembre 1834;
Préfet des études à MELAN, en Suisse, 1834-1835
Préfet des études à BRUGELETTE, 1835-1838;
En troisième probation à SAINT-ACHEUL, 1838-1839;
Préfet et Recteur à BRUGELETTE, 1839-1850;
Admis à la PROFESSION, à Brugelette le 15 août 1842;
Fondateur et Recteur à VANNES, 1850-1861;
Recteur à SAINTE-GENEVIÈVE de Paris, 1861-1866;
Recteur à la PROVIDENCE d'Amiens, 1866-1867;
Provincial de CHAMPAGNE, 1867-1872;
Fondateur et Recteur à LILLE, 1872-1880;
Supérieur des Jésuites dispersés à Lille, 1880-1884;
Pieusement DÉCÉDÉ à Lille, le 26 novembre 1885.

II.

INSCRIPTION DU MONUMENT

ÉRIGÉ AU RÉVÉREND PÈRE PILLON

DANS L'ÉGLISE DE L'ÉCOLE LIBRE SAINT-FRANÇOIS XAVIER
A VANNES PAR LES ANCIENS ÉLÈVES.

ADULPHUS · PILLON

NATUS · ESTREES · IN · PICARDIA · XXV APR · A · D · MDCCCIV
SOCIETATI · IESU · NOMEN DEDIT · XXI · AUG · A · D · MDCCCXXIII
SACERDOTIO AVCTVS XX DEC · A · D · MDCCCXXXIV
VOTA SOLEMNIA · EMISIT XV AVG · A · D · MDCCCXLII
OBIIT · XXVI · NOV · A · D · MDCCCLXXXV

RECTOR

COLLEGII · BRUGELETTENSIS · IN BELGIO
DEIN · ET · VENETENSIS · QUOD · A · FUNDAMENTIS · ERECTUM
AB · A · MDCCCL · AD · A · MDCCCLXI
SUMMA · CUM · LAUDE · PRUDENS · GUBERNAVIT
PARISIENSIS · ETIAM · AD · S · GENOVEFÆ
ET · EXINDE · INSULANI · IN · FLANDRIA
UBI · MORTEM · CUM · VITA · COMMUTAVIT
CAMPANIÆ · INTEREA · PRÆPOSITUS · PROVINCIALIS
SEMPER · ET · UBIQUE · SUBDITORUM · CORDA · SIBI · DEVINXIT
BENEFICIORUM · SEMINATOR
CUIUS · MEMORIA · IN · BENEDICTIONE · EST

PATRI · AMANTISSIMO · VENETENSES · FILII
MEMORES · POSUERE

III.

MONUMENT

DES ANCIENS ÉLÈVES DE SAINT-FRANÇOIS-XAVIER

Romanæ sedi et Patriæ se dederu t.

Georges d'Héliand. Vannes, **1852.**
Tirailleur franco-belge. Castelfidardo, 18 septembre 1860.

Hyacinthe de Lanascol. Vannes, **1850.**
Tirailleur franco-belge. Castelfidardo, Osimo, 21 oct. 1860.

Artus de la Salmonière. Vannes. **1850.**
Zouave pontifical. Hôpital de Monte-Rotondo, 8 février 1861.

Joseph Le Saige de la Villebrunne. Vannes. **1850.**
Lieut. aux zouaves pontif. Hôpital de Marino, 25 février 1862.

Louis Trobert. Vannes. **1861.**
Tué à Freschviller, 6 août 1870.

Aldéric de Langle de Cary. Vannes. **1852.**
Lieutenant : 47e de ligne. Reischoffen, 6 août 1870.

Alfred de Boisairault. Vannes. **1857.**
Sous-lieut. : 4e chasseurs d'Afrique. Sedan, 1er sept. 1870.

Alexandre du Lérain. Vannes. **1851.**
Lieut. : 4e régim. de marine. Hôpital de Sedan, 16 sept. 1870.

Louis de Chasteigner. Vannes. **1855.**
Lieutenant : mobiles de Vendée. Champigny, 30 nov. 1870.

Auguste de Bizien. Vannes. **1854**.
Lieutenant : mobiles de Montfort. Paris, 14 février 1871.

Julien de l'Estoile. Vannes. **1859**.
Lieutenant : 40e de marche. Loigny, Lumeau, 2 déc. 1870.

Jacques de Bouillé. Vannes. **1856**.
Volontaires de l'Ouest. Loigny, Patay, 2 décembre 1870.

Charles de Mauduit du Plessis. Vannes. **1864**.
Volontaires de l'Ouest. Loigny, Patay, 2 décembre 1870.

Jules Maignen. Vannes. **1866**.
Volontaires de l'Ouest. Loigny, 2 décembre 1870.

Charles Saisy de Kerampuil. Vannes. **1859**.
Sergent : volontaires de l'Ouest. Brou, Châteaudun, 2 déc. 1870.

Xavier Saisy de Kerampuil. Vannes 1852.
Sous-officier : 10e chasseurs à cheval. Hôpital de Libourne. 13 décembre 1870.

Ernest Olivier. Vannes. **1858**.
Sous-lieutenant : mobiles de Vannes. Fréteval, 14 déc. 1870.

Edouard Le Page de Boischevalier. Vannes. **1855**.
Lieut. : volont. de l'Ouest. Fontenay-sur-Coigny, 17 déc. 1870.

Charles Pocard-Kerviler. Vannes. **1853**.
Capitaine : mobiles de Vannes. Droué, 17 décembre 1870.

Renaud de Bernard de la Fregeolière. Vannes. **1859**.
Enseigne de vaisseau. Bapaume, Béhagnies, 2 janvier 1871.

Henri Viot. Vannes. **1854**.
Capit. : 28e de ligne. Mazangé, près Vendôme, 6 janvier 1871.

Joseph Houdet. Vannes. **1862**.
Volontaires de l'Ouest. Loigny, Patay. 8 janvier 1871.

Maurice du Bourg. Vannes. **1851**.
Capit. : volont. de l'Ouest. Yvré-l'Evêque, 11 janvier 1871.

Charles de la Noue. Vannes. **1860.**
Sous-lieutenant : mobiles des Côtes-du-Nord. Le Mans, plateau d'Auvours, 11 janvier 1871.

Henri Jacob. Vannes. **1866.**
Volontaires. 82e de ligne. Lagny 18 janvier 1871.

Armand Guillo-Lohan. Vannes. **1860.**
Sergent : mobiles des Côtes-du-Nord. Buzenval, 19 janvier 1871.

Gustave Law de Lauriston. Vannes. **1854.**
Lieut. : 3e chasseurs d'Afrique. Constantine, 20 janvier 1872.

Maurice Bourgerel. Vannes. **1862.**
Officier de mobiles, 14 février 1871.

Amaury Magon de la Vieuville. Vannes. **1851.**
Lieutenant de chasseurs à pied, tué à Orléans. 1871.

Auguste Magnon de la Vieuville. Vannes. **1852.**
Mobiles de Paris, tué à Paris. 1871.

Louis Piacentini. Vannes. **1874.**
Sergent d'Infanterie de marine, blessé au Tonkin, mort en mer, 26 juillet 1884.

Xavier de l'Estoile. Vannes. **1866.**
Lieut. aux tirailleurs tonkinois. Tuyen-Quan, 3 mars 1885.

Gaston de Thuisy. Vannes. **1876.**
Officier, mort au Tonkin, 1887.

Léon Perron. Vannes. **1874.**
Maréchal-des-logis d'artillerie de marine. mort au Tonkin, 1887.

31

www.ingramcontent.com/pod-product-compliance
Ingram Content Group UK Ltd.
Pitfield, Milton Keynes, MK11 3LW, UK
UKHW021644260726
13994UKWH00003B/1263

9 782329 350899